HILFE
AUS
EIGENER
KRAFT

ANGELIKA ROHWETTER

Nur Mut!

Vom Umgang mit Ängsten

Klett-Cotta

Klett-Cotta
www.klett-cotta.de
© 2020 by J. G. Cotta'sche Buchhandlung
Nachfolger GmbH, gegr. 1659, Stuttgart
Alle Rechte vorbehalten
Printed in Germany
Umschlaggestaltung: Wallbaum / Weiß-Freiburg
unter Verwendung eines Fotos von © Alex Koch – stock.adobe.com
Gesetzt in den Tropen Studios, Leipzig
Gedruckt und gebunden von CPI – Clausen & Bosse, Leck
ISBN 978-3-608-86125-9

Bibliografische Information der Deutschen Nationalbibliothek
Die Deutsche Nationalbibliothek verzeichnet diese Publikation
in der Deutschen Nationalbibliografie; detaillierte bibliografische
Daten sind im Internet über http://dnb.d-nb.de abrufbar

Inhalt

Vorwort 9

Einleitung 12

1. Alle Menschen sind mutig 17
   Wie Ängste entstehen 21

2. Übungen für den Notfall 26
   Unterwegs 27

3. Womit wir es zu tun haben – Etymologie ... 35
   Die dunkle Seite 35
   Hier wird es heller 37

4. Die Angst umarmen – mit Achtsamkeit 41
   Erläuterungen zur Achtsamkeit 41
   Achtsamkeit und Angst 43
   Die Angst kennenlernen 46
   Das Problem mit der Ablenkung 48
   Meditation 51
   Falls Sie regelmäßig meditieren möchten .. 53

5. Erscheinungsformen der Angst 54
   Drohende Ereignisse und Scheinriesen 55
   Ängste aus der Vergangenheit 59
   Trigger 62
   Trauma und Angst 64
   Trauma erkennen 65
   Ererbte Ängste 67
   Zukunftsängste 71

Sinnfragen und Ängste 73
Manchmal macht das Leben Angst 73
Viktor Frankl und die Frage nach dem Sinn 76
Angst vor Einsamkeit, Alter, Krankheit und Tod 78
Immer wieder die gleiche Angst 79

6. Dauerhaft beruhigende Übungen 87

Stabilisieren und Selbstwirksamkeit stärken 87
Zuflucht nehmen 89
Gefühlsregulationen 97
Kleiner Exkurs: Verdrängung 101
Weitere Möglichkeiten der Gefühlsregulation 102
Realitätsprüfung 104
Irrationale Ängste 108

7. Irrational, rational, moralisch – die Ängste der »Drei Fragezeichen« 110

Peters irrationale Angst 110
Justus' rationale Angst 112
Bob und die moralische Angst 114

8. Angstlust 117

9. Ängste und ihre Hintergründe 125

Die Angst vor der Abhängigkeit 126
Die Angst vor dem Alleinsein 130
Die Angst vor allem Neuen 135
Die Angst vor der Erstarrung 139

10. Neurobiologie, Philosophie und Spiritualität 144

Gedanken über das Denken in der Philosophie 149
Spiritualität 150

11. Wie werde ich mutig? 153
Mut 154
Träume 157
Auf das Leid verzichten 158
Ressourcen und Resilienz 160
Resilienz 160
Ressourcen 162

12. Aufgaben der Angst 166

Nachwort – zum Weitermachen 170

Anhang 172
Verzeichnis wichtiger Übungen
und ihrer Anwendungsgebiete 172
Literatur 174

Vorwort

»Und es kam der Tag, da das Risiko, in der Knospe zu verharren, schmerzlicher wurde als das Risiko, zu erblühen.«
Anaïs Nin

Noch ein Buch über Ängste? Ja, dies ist ein Buch über Ängste. Ängste sind sehr verbreitet, und sie können sich fast auf alles richten. Vielleicht leiden Sie unter der Angst, das Haus zu verlassen, oder Sie befürchten schwerwiegende Verluste, ohne dass es einen konkreten Anlass dafür gibt. Es gibt soziale Ängste, reale oder auf die Zukunft bezogene Ängste, Ängste vor allgemeinen Bedrohungen und *getriggerte* Ängste. Klassische psychologische Theorien unterscheiden zwischen psychopathologischen und sozialen Ängsten. Ich mache diesen Unterschied nicht, weil die unterschiedlichen Ängste sich gegenseitig bedingen und verstärken – und schließlich in einer großen *Angst vor der Angst* münden können. Mögen auch alle Ängste unterschiedliche Ursachen und Dynamiken haben, sie haben eines gemeinsam: Es handelt sich um *ein* Gefühl.

Wir alle wissen sofort, was gemeint ist, wenn jemand sagt: »Ich habe Angst.« Genau das ist der Grund dafür, warum dieses Buch für alle Angstsituationen geeignet ist: Es behandelt den Umgang mit dem *Angstgefühl*. So gibt es zwar manche Übungen für besondere Angstsituationen, aber alle Übungen sind für alle Menschen mit Ängsten geeignet. Sie vermindern Ängste und stärken Gefühle wie Selbstsicherheit und Selbstvertrauen.

Tatsächlich habe ich gleichzeitig ein Buch über Mut geschrieben. Es geht um den Mut, sein Leben in die Hand zu nehmen, den Weg zu gehen, den man gehen möchte, Entscheidungen zu treffen, sich dem Leben hinzugeben. Sich von alldem nicht von Ängsten abhalten zu lassen. Mut und Angst sind die beiden Seiten derselben Medaille. Das zu erkennen, zu erleben und dadurch freier zu werden, ist die Intention dieses Buches. Auf dem Weg dahin gilt es, die Angst zu entdämonisieren. Sie ist kein Gespenst, kein Ungeheuer, sie ist nicht schrecklich, furchtbar oder gar bedrohlich. Sie ist ein Gefühl. Zugegebenermaßen nicht das Gefühl, das wir am liebsten haben, aber in erster Linie eben einfach ein Gefühl. Angst macht sich, wie alle anderen Gefühle, auch körperlich bemerkbar. Mit Angst besetzte Situationen lösen allerdings eher unangenehme Körperempfindungen aus: Herzklopfen, feuchte Hände, Atemnot und andere: Dieses Gemenge deutet auf Angst hin. Wenn Sie sich die Symptome genau ansehen – und andere, die Ihnen bekannt sind –, stellen Sie fest, dass sich Frischverliebtsein durchaus ähnlich anfühlt. Viele Menschen nehmen auch das nicht gern in Kauf, wünschen sich, dass rasch Ruhe einkehrt und eine gewisse Sicherheit in der Beziehung. Sich bei Ängsten oder gar Panikattacken sagen zu können: »Es ist nur ein Gefühl«, kann der erste Schritt sein zur Sicherheit im Umgang mit der Angst.

Beim Lesen und beim Arbeiten mit diesem Buch werden Sie vielleicht manchmal das Gefühl haben, nicht ernst genommen zu werden. Ich nehme Sie ernst! Und ich nehme die Angst ernst, das Leid, das dieses Gefühl verursachen kann, die Einschränkungen im Leben. Was ich mich weigere, ernst zu nehmen, ist das, was dieses Gefühl uns einzureden versucht, nämlich, wie gefährlich das Leben sei und dass man am besten so vieles nicht tun solle. Man kann es auch so ausdrücken: Ich nehme die Angst ernst, aber nicht wörtlich!

So ist es mein Wunsch, mit diesem Buch meine Leserinnen und Leser darin zu unterstützen, die Angst vor der Angst zu verlieren – und mit dem, was dann übrig bleibt, achtsam umzugehen, immer wissend: Die Angst hat einen Sinn in unserem Leben, und wir sind mehr als unsere Angst.

Zum Gebrauch dieses Buches ist noch zu sagen, dass es nicht notwendig ist, chronologisch vorzugehen. Einen Vorschlag kann ich Ihnen machen zur schnelleren Wirksamkeit: Lesen Sie Ihnen angenehme Stellen – Stellen, an denen Sie denken, das will ich mir merken, abends vor dem Einschlafen. So kann das Gehirn über Nacht sortieren und speichern. Suchen Sie sich also positive Gedanken aus.

Ich habe die Kapitel dieses Buches nicht in der Reihenfolge geschrieben, in der Sie jetzt vor Ihnen liegen. Es ist eher assoziativ entstanden, weil ich viele Ideen gleichzeitig hatte. Für das Erstellen einer sinnvollen Reihenfolge der Ausführung dieser Ideen danke ich meiner Lektorin Frau Dr. Treml-Begemann, für die geduldige Korrekturarbeit wie immer meinem Ehemann Jens Hager. Außerdem gilt in diesem Fall mein besonderer Dank meinem Sohn David, der den Impuls zum Tenor dieses Buches gab, nämlich, dass Angst kein zu bekämpfendes Ungeheuer sei, sondern eine zu bewältigende und bewältigbare Aufgabe.

Einleitung

Um das Programm und die Intention, die ich im Vorwort vorgestellt habe, besser nachfühlen zu können, habe ich im Folgenden einige Grundlagen zusammengefasst. Manches davon sind theoretische Überlegungen. Auf diese Seiten können Sie im Laufe des Arbeitens mit dem Buch immer mal wieder zurückgreifen.

Mutig werden

Von der Angst zum Mut ist es kein leichter Weg, aber ein einfacher. Es ist, wie einen schweren Stein hochzuheben. Der ist nicht leicht, das will ich Ihnen auch nicht einreden, aber es ist einfach, ihn hochzuheben. Es braucht eine gewisse Menge an Kraft, vielleicht einen Hebel, einen hilfreichen Freund oder sogar einen Kran.

Wie bei dem Bild vom Stein, der hochzuheben ist, ist es auch bei der Angst: Sie stellt uns Aufgaben, und wir suchen nach Lösungen. Der Weg aus der Angst ist der Weg der Fantasie, der Kreativität, der Klugheit, des Mutes. Ich möchte die Angst allerdings nicht zu sehr in den Mittelpunkt stellen. Sie ist kein Feind, den wir zu bekämpfen haben, kein Gegner, von dem wir uns abwenden müssen, dem zu entkommen wir die Aufgabe haben. Ich habe einen anderen Weg gesucht und Angst ein wenig neu definiert. Bei den üblichen Beschreibungen dieses Gefühls wird die Angst oft in zu negativer Weise dargestellt, fast dämonisierend. In einer solchen Sichtweise hat die Angst die Fähigkeit, sich zu verdoppeln, die bekannte *Angst vor der Angst* wird gestärkt.

In meiner Jugend gab es einen Spruch, der hieß: »Wo die Angst ist, da geht es lang.« Dieser Satz wird dem Begründer der dynamischen (tiefenpsychologischen) Psychotherapie, Günter Ammon, zugeschrieben. Darin versteckt sich ein guter Hinweis. Es geht darum, sich die Angst zum Freund zu machen. Das klingt absurd, aber es funktioniert so ähnlich wie die Zähmung des inneren Kritikers: Die Angst ist ein Teil von uns und eine Energie. Sie hat gute Gründe und kann die Aufgabe beinhalten, etwas sehr Schweres zu bewältigen. Sie zeigt uns den Aspekt unserer Persönlichkeit, der noch nicht entwickelt ist. Das Buch *Grundformen der Angst* von Fritz Riemann, das ich zur Darstellung der möglichen Hintergründe von Ängsten benutzen werde, folgt genau diesem Grundgedanken.

Es gibt verschiedene Aufgaben oder scheinbare Aufgaben, die uns in die Irre locken und noch weiter in Ängste verstricken. Wenn wir Angst bekämpfen, haben wir wiederum die Angst, diesen Kampf zu verlieren. Wenn wir weglaufen, können wir stolpern oder zu langsam sein. Wenn wir die Angst ignorieren, geben wir ihr die Chance, uns von hinten zu überwältigen. Wenn wir zu viele Bilder von der Angst haben, haben wir keine Aufmerksamkeit für die Bilder von dem, was schön, richtig und leicht ist, von uns und von der Welt außerhalb der Angst.

Was also ist der Weg? Bei der Auseinandersetzung mit der Angst soll es nicht um Sieg oder Niederlage gehen, nicht darum, sie zu beseitigen. Die Angst ist ein Teil von uns, und sie ist ein Freund von uns. Sie schützt uns auch vor realen Gefahren, Unvernünftigkeiten und Selbstüberforderungen. Der Gedanke, die Angst könne ein Freund sein, mag Ihnen im Augenblick noch kompliziert und schwierig, ja absurd erscheinen und Ihren Widerstand hervorrufen. Gerade Letzteres finde ich wunderbar, weil dort ein Teil Ihrer Kraft steckt, in Ihrer Möglichkeit, innezuhalten und NEIN zu sagen. Das soll nicht bedeuten, NEIN zur Angst zu sagen, sondern NEIN dazu, sich von der Angst beherrschen und einschränken zu lassen.

Unbewusstes, Gedanken und Gefühle

Mancher Einfall in diesem Buch fußt auf der These, dass die Gedanken die Gefühle *machen*, dass wir zumindest über Gedanken unsere Gefühle beeinflussen können. Dies ist ein Ergebnis der Neuropsychologie. Und es ist außerdem eine These, die für ein Selbsthilfebuch günstig ist. Trotzdem ist die Idee eine verkürzte Zusammenfassung der Vorgänge im Gehirn. Es fehlt für eine umfassende Erklärung aller Gefühle der Begriff des Unbewussten.

Keine Erklärung menschlicher Neurosen, Konflikte oder auch nur alltäglicher Fehlleistungen sind wirklich erhellend ohne den Blick auf das Unbewusste. Dieser Satz lässt auch das Problem erkennen. Man kann das Unbewusste nicht sehen. Erst recht kann ich als Autorin nichts über das Unbewusste meiner Leser wissen. Und überhaupt können wir wenig von dem Verborgenen ohne Hilfe erkennen, weil wir da *betriebsblind* sind. Das Verdrängte und Vergessene müsste ja dann nicht erst verdrängt und vergessen sein, wenn es so leicht zu finden wäre. Das heißt nicht, dass wir gar nichts sehen können: Unsere Fehlleitungen, Ängste, Vorlieben und Abneigungen geben uns Hinweise.

Wie hängen die Dinge also zusammen? Können wir mit unseren Gedanken unsere Gefühle beeinflussen? Und kann es nicht auch umgekehrt sein? Das ist tatsächlich möglich. Gefühle entstehen auf jeden Fall vor den ersten Gedanken. Gefühle sind am Anfang unseres Lebens noch sehr diffus, es handelt sich zuerst um Lust und Unlust, um Behagen oder Unbehagen. Die ersten Gefühle sind Reaktionen auf Körperempfindungen und Sinneseindrücken. Wenn das Kind Hunger oder Schmerzen hat, fühlt es sich unbehaglich. Kommt dann keine Abhilfe, fühlt es Angst – und oft auch schon Zorn. Letzteres gibt ihm die Kraft zu schreien, das ist ein Ausdruck des Lebenswillens.

Auch die erste Freude und Lust, das Vertrauen in sich selbst, entstehen durch Körpererfahrungen, nämlich durch liebevolle Berührungen, die sanften Stimmen der Bezugspersonen. Besonders groß ist die Lust – und wichtig für spätere Gefühle wie ein positives Selbstbild –, die eigene Wirksamkeit zu erleben: »Ich kann die Rassel ergreifen und mit ihr ein Geräusch erzeugen.« Man könnte es Funktionslust nennen. Diese Freude kennen wir auch später, als erfahrene Selbstwirksamkeit.

In dieser Zeit drückt das Kind seine Gefühle nonverbal aus. Noch bevor es seine Gefühle versprachlichen kann, findet es Bilder. Es kommt zum Beispiel zum inneren Bild einer *bösen Mutter*, wenn die kindlichen Bedürfnisse nicht in angemessener Zeit erfüllt werden. Bildliche Darstellungen von Gefühlen sind auch später noch normal. So kann ein Gefühl, das ein älteres Kind als Angst bezeichnen würde, als Bedrohung unter dem Bett zuerst verbildlicht und dann versprachlicht werden. Das bedrohliche Gefühl hat also den Gedanken gemacht. »Bei mir liegt ein Räuber unter dem Bett.« Mit diesem Gedanken kann das Kind die Bedrohung immer wieder lebendig werden lassen – und damit das Gefühl der Angst.

Gefühle entstehen also als Reaktion auf eine Situation, aber auch als Reaktion auf eine Vorstellung, einen Gedanken. Außerdem können Gefühle erlernt sein. Es gibt Untersuchungen, die zeigen, dass Affen, die keine Angst vor Schlangen haben, diese Angst ad hoc entwickeln, wenn sie die Angstreaktion eines anderen Affen beobachten. Dieselbe Dynamik sehen wir auch bei ängstlichen Kleinkindern. Wir sprechen bei ängstlichen Reaktionen von Babys ab dem 8. Lebensmonat vom *Fremdeln*. Dabei können wir beobachten, wie die Blicke des Kindes zwischen der Mutter und der unbekannten Person hin und her gehen. Das Kind scheint die Erlaubnis der Mutter zu suchen, diesen Kontakt aufzunehmen. Später wird noch deutlicher: Wenn sich die Mutter einem Fremden gegenüber zurückhaltend bis ängstlich verhält, zeigen auch die Kinder sich den entsprechenden Personen gegenüber ängstlich und vermeiden möglichst den Kontakt. Die gute Nachricht: Gelernte Ängste können auch wieder verlernt werden!

In diesem Buch setze ich bei dem Gedanken an, es läge ein Gespenst unter dem Bett. In der langen Kette von Unbewusstem, Bildern, Gefühlen, Spracherwerb und Gedanken ist das der Punkt, bei dem wir in der Arbeit mit uns selbst am besten beginnen können. Wir benutzen dazu Realitätsprüfungen, verschiedene Übungen und Korrekturen alter Gedanken. Es ist ein Prozess, der Geduld und Disziplin (böses Wort?) braucht und die Bereitschaft, Gefühle zu akzeptieren, sie nicht zu bewerten und nicht zu bekämpfen. Dieser Prozess ist eben kein reiner Gedankenprozess, das berücksichtigen auch die vielen Übungen in diesem Buch. Nachgewiesenermaßen sind Achtsamkeit und Meditation gute Wege dahin, Gefühle anzuerkennen und damit zu beruhigen.

An dieser Stelle scheint mir ein Hinweis wichtig: Es ist kein Versagen, nicht schnell erfolgreich zu sein mit der Veränderung seiner Gefühle. Ich verstehe die Sehnsucht nach einer schnellen Lösung. Machen Sie sich aber zu sehr Druck, verstärkt sich das Problem. Gedanken machen Gefühle, das kennen wir zuerst in der negativen Variante: Denken wir nur intensiv genug an ein schmerzhaftes Ereignis, so spüren wir auch die alten Gefühle von Verletzung und Trauer wieder. Vom Gehirn wird das innere Bild wie ein reales Geschehen bewertet, es schüttet die entsprechenden Neurotransmitter aus. So retraumatisieren wir uns immer wieder selbst. Der umgekehrte Weg ist auch bekannt: Wir denken an etwas Schönes und spüren Freude. Aber wie lange hält dieses Gefühl an? Der Sog, wieder auf den Weg des Leidens zu gehen, ist sehr stark.

Deshalb hier die einzige Übung in dieser Einleitung und eine, die Sie täglich, fast stündlich wiederholen können.

> **Übung: So bin ich** = Es ist ok
> Hier geht es um die Einübung von (Selbst-)Akzeptanz, die Sie als ganze Person umfasst. Auf dieser Grundlage erst sind Veränderungen möglich, weil sie entspannt und den Leistungsdruck mildert, den Druck nämlich, schnell zu einem Ergebnis kommen zu müssen. Der Zaubersatz heißt: »So bin ich«, mit Mitgefühl gedacht und ausgesprochen. Dahinter steht das Wissen: Es gibt einen Grund, warum ich so bin.
> Der Satz steht immer am Ende aller unangenehmen Selbstaussagen:
>
> Ich bin ängstlich. So bin ich.
> Ich bin ängstlich und will die Angst schnell loswerden. So bin ich.
> Ich bin ängstlich, will die Angst schnell loswerden und ärgere mich, dass das nicht so schnell geht. So bin ich.
>
> Über allem, was Sie betrifft, steht eben dieser Satz, keine Bewertung, keine Zensur. Sie sind, wie Sie sind. Punkt. Sicher ist, dass Sie Veränderungen erreichen können, wenn Sie wollen. Dazu brauchen Sie Regelmäßigkeit bei den Übungen und einen gewissen Zeitraum. Den gebe ich mit Absicht nicht an. Sie finden Ihre eigene Geschwindigkeit und genießen jeden kleinen Schritt. Jeder kleine Schritt zeigt Ihnen, dass Sie es können.

1. Alle Menschen sind mutig

Alle Kinder werden mutig geboren. Das scheint Ihnen eine gewagte These? Das ist es nicht, wenn Sie sich die Etymologie des Wortes anschauen. Es geht um die Unerschrockenheit, ein Wagnis einzugehen. Welches Wagnis wäre größer als das Leben selbst? Vielleicht glauben Sie, das Neugeborene wisse nichts von einem Wagnis. Ich glaube, es weiß darum. Deshalb bemüht es sich früh, Kontakt aufzunehmen, die Mutter oder andere Bezugspersonen mit Blicken, Gesten und Lauten an sich zu binden. Es *weiß* auf einer ganz tiefen, archaischen Ebene, dass es Verbündete braucht. Das Kind spürt also nicht nur die Notwendigkeit, sich mit anderen zu verbinden, sondern es bringt auch den Mut auf, es immer wieder zu versuchen, wenn es einmal – oder auch über einige Zeit hinweg – nicht klappt. Genauso zeigt es ganz schnell den Mut, die Welt zu entdecken. Ich erzähle folgende Geschichte zur Erläuterung:

Laura und das Pferd

Laura ist ein neugieriges und dabei sehr zurückhaltendes sechsjähriges Kind. Sie ist sehr zart und ängstlich und beobachtet die Welt gern vom sicheren Platz bei der Mutter aus. Bei einem Besuch bei der Schwester der Mutter, die Laura bisher nur dreimal gesehen hatte, wich sie nicht von Mutters Seite. Tante Greta war entzückt von ihrer kleinen Nichte mit dem rotblonden Wuschelkopf. Und sie ist eine begeisterte Reiterin. So nahm sie die ganze Familie mit in den Reitstall, um ihr Pferd vorzuführen. Laura war erschrocken, ein so großes Tier hatte sie noch nie aus der Nähe gesehen. Greta streichelte das Pferd, putzte und sattelte es und ritt eine kleine Runde in der Halle. Bei allem schaute Laura neugierig zu. Als Greta zurückkam, fragte sie Laura, ob sie das Pferd streicheln wolle. Greta bejahte und strich kurz über den Bauch des Tieres. Schnell und fast erschrocken zog sie die Hand zurück. Das Pferd schnaubte leise, und Greta erklärte, es habe »Danke« gesagt. Eine Woche blieb die Familie zu Besuch – fünf Besuche im Reitstall. Am zweiten Tag streichelte Laura auf dem Arm der Mutter den Hals des Tieres, am dritten ließ sie sich für einen Augenblick in den Sattel heben. Am vierten Tag saß sie für eine winzige Runde vor Greta im Sattel. Am fünften Tag durfte die Runde größer werden, und als sie zu Ende war, strahlte Laura und sagte: »Morgen wieder!« Als Laura am letzten Tag ihre kleine Runde ritt, sang sie dabei.

Auch Laura hatte den Mut, die Welt zu entdecken. Sie brauchte ein kleines bisschen Unterstützung dazu. Manchmal geben Erwachsene zu schnell auf in der guten Meinung, den Willen des Kindes respektieren zu müssen. Manchmal zwingen sie auch ein Kind, etwas zu tun, was es nicht will, von dem aber die Erwachsenen meinen, es müsse das können, wie zum Beispiel fremden Menschen die Hand zu geben. Laura bekam genau die richtige sanfte Unterstützung, damit sie ihren Mut entwickeln konnte, sich auf ein so großes Abenteuer einzulassen.

Bei der Entdeckung der Welt ist das Kind sehr schnell mit Frustrationen konfrontiert: Allein beim Laufenlernen fällt es unzählige Male um, stößt irgendwo an, verletzt sich sogar. Und doch gibt es kein Kind, das den Mut verliert, das Laufen zu lernen. Niemals! Es will all die fremden Dinge verstehen, begreifen, die es umgeben. Da ist es mit manchem *Nein* konfrontiert. Wenn es dann trotzdem weitermacht, ist das Mut. Später, wenn es immer wieder daran gehindert wird, das zu tun, wonach ihm der Sinn steht, reagiert es mit Trotz. Die frühe Bedeutung des Wortes Trotz ist Unerschrockenheit, Mut. Diese Bedeutung finden wir noch, wenn wir zum Beispiel sagen: »Trotz seiner schweren Erkrankung kann er herzhaft lachen«, oder: »Trotz ihrer Versagensängste hat sie sich für diese Arbeitsstelle beworben.«

Immer weiter geht das Kind durch diesen Prozess: Es entdeckt etwas, stößt auf Grenzen, ist frustriert und macht dann nach einem kleinen oder größeren Weinen wieder neue Entdeckungen. Langsam lernt das Kind zu unterscheiden, was es kann und was nicht. Wichtig ist es auch, dass es die Unterscheidung lernt, was es *darf* und was es nicht darf. Der eigentliche Erfolg dieses Prozesses ist aber nicht, diese Unterscheidung treffen zu können, noch der, gehorsam zu sein. Wunderbar für das Kind ist es, wenn es gelernt hat, mit dem, was verboten war, sachgemäß umzugehen, weil es das jetzt kann.

Auch in vielen anderen Lebensbereichen braucht und hat ein kleines Kind Mut; wenn es zum Beispiel Kontakt zu anderen Menschen aufnimmt, mit ihnen spielt, ohne dass die Mutter anwesend ist. Später wird es immer längere Zeit ohne die primären Bezugspersonen verbringen und dabei schon eine Erfahrung eines unabhängigen, eigenen Lebens machen. Innerhalb neuer Gruppen wie im Spielkreis oder im Kindergarten braucht das Kind viel Mut, verschiedene Abenteuer zu bestehen: Zusammenspiel und Konkurrenz, Freundschaft und Feindseligkeit, Leistung und Versagen. Und es gehört immer wieder Mut dazu, neu anzufangen. Glauben Sie nun, dass alle Menschen mutig zur Welt kommen?

Das gilt auch für Sie, ganz gleich, wie viele Ängste Sie jetzt plagen!

Eine andere Geschichte, wie ein Kind mutig mit seiner Angst umgeht, verdanke ich einer persönlichen Mitteilung von Theo Schoenaker, der auch das lesenswerte Buch *Mut tut gut* geschrieben hat:

Kleiner Musikant

»Ich habe eine Kindheitserinnerung: Ich stehe bei geschlossenem Vorhang auf der Bühne vor meinem Xylophon. Die Vorhänge gehen auf, jemand schiebt mich mit dem Tischchen nach vorne, die Vorhänge fallen hinter mir zu. Ich stehe im Rampenlicht und habe plötzlich große Angst. Ich bin mir dessen bewusst, dass ich weglaufen oder anfangen kann. – Dieser Moment ist der wichtigste in der Erinnerung. – Ich fange an mit meinem Spiel, mache meine Sache gut und bekomme Applaus.«

Am Ende fragt sich Theo: »War das mutig?« Meine Antwort darauf ist: »Was für ein mutiger kleiner Junge!« Blitzschnell entscheidet er sich, etwas zu tun, was ihm gerade noch Angst gemacht hat.

Nun möchte ich Sie zu einer kleinen Übung einladen.

Übung: Erinnerungen an den Mut, 1. Teil

Schließen Sie die Augen und denken Sie an so viele mutige Kinder und ihr Handeln, wie Ihnen einfallen, große und kleine Kinder, reale und fiktive. Lassen Sie die allerkleinsten Zeichen von Mut gelten. Dazu gehört es, Nein gesagt zu haben, wenn Sie etwas nicht essen wollten. Oder denken Sie an Ihren ersten Brötchenkauf im Alleingang. Fündig werden können Sie auch bei vielen Kinderbuchgestalten. Pipi Langstrumpf ist da eines der bekanntesten mutigen Kinder. Aktuell können wir auch gerade an die vielen jungen Menschen denken, die freitags *trotzig* nicht zur Schule gehen.

Erinnerungen an den Mut, 2. Teil

Gehen Sie nun einen Schritt weiter und erinnern sich an Ihre eigenen Mutgeschichten. Alles zählt, vor allem, wenn Sie etwas trotz oder mit der Angst getan haben. Diese Übung ist besonders wichtig, weil ängstliche Menschen wenig Selbstwirksamkeitserwartung haben. Sie sagen oft: »Ich kann das sowieso nicht.« Die Erinnerung an den Mut in der Vergangenheit stärkt den Mut für die Zukunft: Ich habe das gekonnt, ich war schon einmal mutig. Wieso sollte ich das nicht wieder sein?

Sie können sich an Theo Schoenakers Beispiel orientieren. Zum Mutigsein gehört es auch, zum ersten Mal etwas allein zu machen. So erzählte mir eine Patientin, sie habe schon am zweiten Tag nach ihrer Einschulung den Schulweg allein bewältigen sollen und sich auf dem Rückweg sehr verlaufen. Ein ihr zufällig begegneter Nachbar habe sie mit nach Hause genommen (gutes Ende!). Das sei ihrer Mutter sehr peinlich gewesen. Trotzdem – und mit ein wenig Angst, den Weg noch einmal zu verpassen, machte sich das kleine Mädchen am nächsten Tag wieder allein auf. Von da an hat sie sich nicht mehr verlaufen. Gleichzeitig entwickelte sie eine Sicherheit, dass, wenn es noch einmal geschähe, wohl eine Hilfe zu finden sei.

Wie Ängste entstehen

Keine kindliche Entwicklung geschieht, ohne dass sich Ängste einstellen. Da kann zuallererst, noch in einem Alter, an das wir uns nicht erinnern, aus verschiedenen Gründen eine Verlassenheitsangst entstehen. Eine wichtige Sicherheit, die wir in frühester Kindheit erwerben (oder eben nicht), ist die Objektkonstanz. Das bedeutet, dass wir die Sicherheit haben, dass das Objekt, also die uns versorgende Person, noch existiert, auch wenn wir sie gerade nicht sehen. Sie wird auf jeden Fall kommen, wenn wir sie brauchen. Sollte das in den ersten Lebensmonaten nicht ausreichend gelingen, entsteht viel Stress im Hirn des Babys, der im Leben oft noch eine Rolle spielt, besonders in Liebesbeziehungen, in denen wir besonders verletzbar sind. Kommt der abwesende Partner zurück? Ist ihm etwas passiert oder hat er eine andere?

Eine andere Angst entsteht – in verschiedenen frühen Entwicklungsstufen – bei der Entdeckung, nicht über alles die Kontrolle zu haben. Dass diese Ängste nicht erinnerbar sind, macht sie schwierig. Auf sie begründet sich oft eine allgemeine *Ängstlichkeit*, die dann geradezu ein Charakterzug zu sein scheint. Später kommen Ängste hinzu, die wir in Situationen entwickeln, in denen wir uns schwach oder unzureichend fühlen, in denen wir zum Beispiel den Erwartungen der Eltern nicht entsprechen.

Natürlich spielen die Eltern bei der Entwicklung von und dem Umgang mit kindlichen Ängsten eine große Rolle. Eltern können unterstützen, Ängste besänftigen, Unsicherheiten relativieren (in einem Monat wirst du können, was du heute noch nicht kannst). Sie können aber auch versuchen, das Kind mit beängstigenden Bildern zu beherrschen. Heute ist es wohl nicht mehr üblich, mit dem Nikolaus oder dem dunklen Keller zu drohen. Doch es kann ausreichen, wenn ängstliche Eltern den Bewegungsdrang ihres Kindes damit eingrenzen, dass sie es vor all dem Schrecklichen warnen, das ihm passieren könnte. Eine solche Angst setzt sich manchmal über Generationen fort, ohne dass man noch weiß, wie sie in dem Individuum entstanden ist. Personen, die ängstliche Mütter hatten und deshalb sehr ängstlich sind, haben ihre Ängste nicht in der frühen Kindheit entwickelt. Da waren sie geschützt und sicher gebunden. Die Ängste der Eltern werden erst wirksam, wenn das Kind seine Selbstständigkeit zeigt und sich auf Entdeckungsreise begibt.

Solche Kinder reagieren häufig auf elterliche Ermahnungen mit Trotz. Trotz ist ein wichtiges Signal für die Eltern: Achtung, ich übe mich in Autonomie! Viele Eltern begeben sich dann in einen Kampf gegen das Kind, vielleicht aus Sorge oder aus Angst, die Kontrolle zu verlieren. Es ist wirklich schwierig, situativ schnell und richtig zu entscheiden: Muss ich Grenzen setzen und einhalten, oder hat das Kind in diesem Fall ein Recht darauf, seinen Anspruch zu verwirklichen?

In vielen pädagogischen Zusammenhängen ist Trotz etwas Negatives. Wir sehen das bekannte schreiende Kind vor dem Süßigkeitenangebot der Supermarktkasse. Hier kann es die Mutter nur falsch machen, wenn sie sich beobachtet fühlt und sich für ihr Kind schämt …

Aber was hat nun das Thema Trotz mit Angst und Mut zu tun? Diese Verknüpfung hat mich selbst erstaunt.

Was ist denn Trotz?

Wir kennen positive Verbindungen mit dem Wort in Zusammenhängen, in denen es darum geht, Hindernisse zu überwinden: Trotz des Regens machte sie einen langen Spaziergang. Trotz seiner schweren Krankheit verließ ihn sein Humor nicht. Auch ist dieses Wort in einer leicht abgewandelten Form mit dem Begriff Sicherheit verbunden, nämlich bei Schutz und Trutz. Trotz bedeutet, so sagt es der Herkunftsduden, »Widersetzlichkeit, Unfügsamkeit, Widerspruchsgeist«. All das zu haben und widersetzlich und unfügsam zu sein, erfordert Mut – als Kind und später beim erwachsenen Menschen auch.

Angst und Scham

Eigentlich wünschen sich alle Menschen, *gesehen* zu werden, wobei gesehen meint: respektvoll und achtsam wahrgenommen. Aber wenn sich soziale Ängste entwickelt haben, entsteht das gegenteilige Phänomen: die Angst davor, gesehen zu werden, die Angst davor, sich zu blamieren. Als Kind wurde diesen Menschen oft gesagt, wie fehlerhaft sie seien, dass sie den Eltern nicht genügen. Über diese Art von Beschämung hat Bradshaw (1993) das sehr einfühlsame Buch *Wenn Scham krank macht* geschrieben. Hier geht es um Angst – um die Angst, andere würden über mich lachen, ich könnte mich blamieren.

Frau B., die unter anderem mit diesem Problem eine Zeit in einer psychosomatischen Klinik verbracht hatte, erzählte Folgendes: »Wir haben an meiner Angst, mich zu blamieren, gearbeitet. Eine Idee war, ich solle mich absichtlich blamieren und dann die Reaktionen der anderen beobachten. Also dachte ich mir verschiedene Szenen aus. Das Ausdenken machte mir Spaß, aber auch Angst bei der Vorstellung, es wirklich zu tun. Eine Mitpatientin unterstützte mich. Wir bastelten ein Steckenpferd und ritten damit beim Mittagessen durch den Speisesaal. Dabei haben wir Pferdelieder gesungen. Die anderen haben gelacht und geklatscht. Sie hatten eine gute Unterhaltung, und ich habe mich trotzdem geschämt.«

Frau B. hat sich trotzdem geschämt, vielleicht war der Hintergrund ihrer Angst nicht genügend aufgearbeitet, vielleicht war diese Übung ungeeignet für sie. Auf jeden Fall hat sie die Erfahrung gemacht, dass andere Menschen nicht als peinlich erleben, was ihr peinlich ist. Da sie im Allgemeinen eine eher zurückhaltende Person ist, hat sie wahrscheinlich nie in ihrem Leben etwas getan, was ihr wirklich peinlich sein müsste. In der ambulanten Psychotherapie arbeiten wir nun weiter an diesem Thema – und an den anderen, die die Patientin noch belasten.

Trotzdem halte ich diese Übung für eine gute Idee, versuchen Sie es einmal! Denken Sie an kleinere Situationen, in denen Sie Angst haben, sich zu blamieren. Verfahren Sie nach der Methode des *Ja und?*

Übung: Ja und? 1. Teil

Diese Übung gehört in die Kategorie der Realitätsprüfung. Sie besteht aus zwei Teilen, einem retrospektiven und einem prospektiven. Im ersten Teil denken Sie an Situationen, vor denen Sie schon einmal viel Angst gehabt haben. Ja und? Was ist wirklich geschehen? Wie viel Prozent der Angst war berechtigt? Wenn diese Frage zu schwer zu beantworten ist, gebe ich Ihnen hier ein kleines Modell: 100 %ig war die Angst berechtigt, wenn genau das eingetreten ist, was Sie befürchtet haben, zum Beispiel, wenn Sie jemandes Tod befürchtet haben, und er ist auch gestorben, 0 % der Angst war berechtigt, wenn gar nichts passiert ist, 20 % der Angst haben sich erfüllt, wenn derjenige, um den Sie gefürchtet haben, sich den Fuß verstaucht hat. Tritt Ihre Todeserwartung nicht ein, aber jemand hat sich den Arm gebrochen, stehen wir auf der Skala etwa bei 40 %. Mit großer Wahrscheinlichkeit werden Sie sehen, dass das, was tatsächlich eintraf, meist weit unter Ihren Schreckenserwartungen zurückblieb. Nehmen Sie dieses Gefühl bewusst und intensiv wahr: Es ist nicht so schlimm geworden, wie ich befürchtet habe. Es war leichter, schneller, schmerzärmer oder wie auch immer.

Übung: Ja und? 2. Teil

Denken Sie sich Situationen in naher Zukunft aus, die Sie fürchten. Was kann geschehen? Ja und? Ist das das Ende des Lebens? Manchmal bilden unsere Ängste geradezu Ketten, wie etwa: Wenn ich diese Prüfung nicht schaffe, bekomme ich nie eine Stelle, ich muss als Putzfrau arbeiten. Hier wäre schon ein *Ja und?* fällig. Putzfrau ist ein anstrengender, durchaus ehrenwerter Beruf, leider viel zu schlecht bezahlt. Jedenfalls werden Sie nicht verhungern. Weiter geht der innere Monolog: Alle werden mich für dumm, inkompetent oder faul halten, wenn ich durch die Prüfung falle. Ja und? Werden Sie dann wirklich alle Freunde verlassen? Dann wird es überhaupt Zeit, sich neue Freunde zu suchen.

Ich erinnere mich an dieses Spiel aus einer meiner eigenen Therapien. In einer schwierigen Lebenssituation hatte ich schreckliche Angst, mein Freund würde mich verlassen. Mein Therapeut sagte: »Ja und? Es wird dir das Herz brechen, und du wirst schrecklich leiden. Dann erholst du dich, sortierst dein Leben neu und bist frei für die nächste Liebe.«

So gehören Angst und Mut zusammen: Wir blicken mutig dem entgegen, was uns Angst macht, und stellen fest, dass wir es bewältigen können, weil wir stärker sind als unsere Angst und Mut mehr Spaß macht.

Und wenn Sie immer noch nicht davon überzeugt sind, mutig zu sein, empfehle ich Ihnen das Kapitel 11 *Wie werde ich mutig?*

2. Übungen für den Notfall

Die Übungen, die ich im Folgenden beschreibe, sind für akute Situationen geeignet, sie heilen nicht, die heilenden Übungen brauchen Ruhe, einen sicheren Rahmen, etwas Geduld und eine gewisse Übungsroutine. Trotzdem können diese Übungen natürlich einen heilsamen Prozess in Gang setzen. Wenn Sie oft geübt und angstarm durchgeführt werden können, reicht es nach einer Weile, einfach an sie zu denken, und die akute Angst vermindert sich. Die Notfallübungen lindern aber die Symptome, ähnlich wie Schmerztabletten vorübergehend von Zahnschmerzen befreien. Außerdem tragen sie in ihrer Wirksamkeit indirekt zur Heilung bei, indem sie Ihre Sicherheit stärken, sich nicht von Gefühlen überschwemmen lassen zu müssen. Immer, wenn Sie mit einer der Übungen Ihre Angst mildern, stärken Sie Ihre Selbstwirksamkeitserwartung.

Selbstwirksamkeitserwartung

Ich gebe eine kurze Erklärung dazu, was mit diesem Wort gemeint ist. Es handelt sich nämlich um ein wichtiges Gefühl. Wenn wir genügend davon haben, wird unser Leben leichter und angstfreier.

Mit Selbstwirksamkeitserwartung ist das Vertrauen gemeint, das wir in uns selbst haben, besonders das Vertrauen, Aufgaben bewältigen, Probleme meistern und Ängste überwinden zu können. In diesem Buch geht es um die Aufgabe, angemessen mit der Angst umgehen zu können. Je öfter wir ideenreich mit der Angst umgehen, umso kleiner wird zuerst unsere Angst vor der Angst – und am Ende auch die Angst selbst. Im Sinne der Arbeit mit inneren Anteilen (inneren Kindern) können wir dann sagen: Das ängstliche innere Kind fühlt sich bei unserem erwachsenen Ich zunehmend sicher, weil das erwachsene Ich sicher ist.

Unterwegs

Wenn Sie ein wenig mit Ihrer Angst vertraut sind und einen respektvollen Umgang gefunden haben, ist die Angst vor der Angst sicher deutlich weniger geworden. Sie können diese weiter abmildern, wenn Sie ein gewisses Repertoire an Techniken kennen, mit denen Sie kurzfristig und wirksam reagieren können. Dazu gehören Übungen wie die 5-4-3-2-1-Übung, die Sie auch in folgender verkürzter Form anwenden können, wenn Sie unterwegs sind. Gern können Sie auch die ausführliche Form üben und deren positive Wirkung erfahren haben. Wahrscheinlich werden Sie jetzt einwenden, dass Sie an gar nichts denken können, wenn die Angst Sie erst einmal gepackt hat. Das ist sicher der schwierigere Teil. Gut ist es, wenn Sie erste Anzeichen von Angst bemerken und sofort reagieren können. Das übt sich ganz schnell, weil Sie nun wissen, wann Ihre Angst kommen könnte und wo die Angst in Ihrem Körper sitzt. Fühlen Sie plötzlich Ihr Herz schneller klopfen, obwohl Sie sich nicht besonders angestrengt haben, oder das Atmen fällt Ihnen schwerer, dann sofort loslegen! Ich beschreibe eine Reihe von Übungen, Sie können ausprobieren, welche Ihnen Spaß macht. Und falls Sie gerade unterwegs sind und Ihnen nicht mehr einfällt, wie die Übung eigentlich ging, ist das kein Problem. Allein das Nachdenken darüber ist schon eine echte Ablenkung. Droht die Angst im Hintergrund: »Nun mach schon, sonst komme ich wieder«, können Sie ihr antworten: »Komm doch, dann kann ich meine Übung ausprobieren!« (Man kann es nicht oft genug wiederholen: Ein wichtiger Aspekt bei dem Umgang mit Ängsten ist es, keine Angst vor der Angst zu haben. Sie können mit der Angst leben! Schöner und vor allem leichter ist das Leben natürlich ohne Angst.)

Die folgende Übung ist ausführlich im Kapitel *Dauerhaft beruhigende Übungen* beschrieben. In ihrer Kurzform ist sie sehr geeignet, unauffällig unterwegs durchgeführt zu werden.

Natürlich können Sie alle kurzen Übungen auch zu Hause machen, wenn Sie die Angst überfällt. Schreiben Sie sich alle Übungen auf, tragen Sie diese Notizen immer bei sich. Das hilft, wenn Ihnen während einer Attacke nichts mehr einfällt. Ein Blick auf das Papier wirkt dann schon entlastend: Es gibt Hilfe.

5-4-3-2-1-Übung in Kürze

Richten Sie Ihre Wahrnehmung nach außen. Zählen Sie fünf Dinge auf, die Sie sehen: einen Hund, eine Plastiktüte, blaue Schuhe, Wolken, einen Apfel. Dann zählen Sie fünf Geräusche auf: Straßenbahn, Wind, Fahrradklingel, lautes Reden, einen Vogel. Zum Schluss benennen Sie fünf Körperwahrnehmungen, zum Beispiel Ihre Füße, Ihren Magen, Ihr Gesicht, Ihre Kopfhaut, Ihre Daumen. Dann wiederholen Sie, was Sie sehen, hören und spüren, mit jeweils vier Dingen, mit dreien, mit zweien, mit einem.
Auch diese Übung hat in der kurzen Form einen Langzeiteffekt. Nach einiger Zeit wird es ausreichen, einfach 5-4-3-2-1 rückwärts zu zählen. Sie dürfen natürlich auch von einer höheren Zahl aus rückwärts zählen, das erfordert eine höhere Konzentration und lenkt sehr von der Angst ab. Wenn Sie bei 7893 anfangen, müssen sie natürlich nicht bis eins rückwärts zählen.

Eine große Angst vieler Patienten bezieht sich darauf, wo sie eine Panikattacke bekommen könnten: im Zug, in der Straßenbahn, im Theater, unter lauter fremden Menschen. Das ist ihnen eine schreckliche Vorstellung. Sie finden es peinlich und empfinden eine große Hilflosigkeit: »Ich kann nicht mit dem Zug fahren. Wenn ich Angst bekomme, kann ich ja nicht aussteigen.« – »Ja und?«, antworte ich dann, »Sie sind doch nicht allein, um Sie herum sind Menschen, die Ihnen helfen können!« Nehmen Sie diese Menschen wahr! Lassen Sie den Ihnen verbleibenden erwachsenen Ich-Anteil ein sympathisches Gesicht aussuchen – und dann probieren Sie es mit einer der folgenden Übungen:

Übung: Wie spät ist es?

Geht Ihre Uhr richtig? Auf die Sekunde genau? Dann wird es Zeit, dass Sie auf der Straße den ersten Menschen, der Ihnen begegnet, nach der Uhrzeit fragen. Gesteigert wird der Nutzen dieser Übung noch, wenn Sie Ihre eigene Uhr gut sichtbar am Handgelenk tragen. Werden Sie danach gefragt, darf Ihre Antwort lauten: »Meine Uhr geht ganz richtig, aber Sie nach der Uhrzeit zu fragen, lenkt mich von meiner Panikattacke ab.« Dann haben Sie gleichzeitig einen Schritt in Richtung Mutigwerden getan.

Für den Anfang reicht es, wenn Sie Ihre Uhr in die Tasche stecken und einfach nach der Uhrzeit fragen. Die Aufregung, die damit verbunden ist, lenkt nicht nur von der Angst ab. Sie ist eine lebendige Aufregung, die eintritt, wenn wir etwas Neues ausprobieren. Anschließend sendet Ihr Gehirn belohnende Neurotransmitter aus.

Sie können sich selbst noch eine Reihe anderer Übungen aus der Serie »spontanes Theater« ausdenken, wegen akuter Angst oder zum Mutmachen. Lassen Sie Ihre Fantasie sprühen, entwerfen Sie mit Freunden oder in Ihrer Selbsthilfegruppe solche Szenarien. Hier noch einige Vorschläge:

Übung: Ablenkung

Diese Übung wird später noch einmal beschrieben im Kapitel Achtsam sein mit der Angst. Auch hier geht es um Ablenkung. Suchen Sie! Suchen Sie intensiv nach irgend etwas in Ihrer Umgebung. Wenn Sie im Wald sind, zählen Sie die verschiedenen Pflanzen, die Sie im Augenblick sehen, in der Stadt alle Frauen mit roten Schuhen, Kinder mit Eis, oder suchen Sie nach Hunden – welche Rassen können Sie erkennen, auch in den Promenadenmischungen? Das können Sie mit der Übung *Wie spät ist es?* kombinieren, indem Sie den Hundebesitzer nach der Rasse seines Hundes fragen.

Übung: Helfende Hände

Dies ist eine weitere Übung, in der der Umgang mit der Angst mit Mut verknüpft wird. Bleiben Sie stehen, wo Sie sind, wenn Sie eine Panikattacke überfällt. Atmen Sie tief und auffällig, bis Sie jemand fragt: »Geht es Ihnen nicht gut? Kann ich Ihnen helfen?« Dann antworten Sie: »Ja, ich habe gerade eine Panikattacke. Können Sie für einen Augenblick meine Hand halten?« Die meisten Menschen werden etwas verlegen sein, die wenigsten werden Ihnen diesen kleinen Gefallen verweigern. Ich habe es selbst ausprobiert! Auf dem allerersten Flug meines Lebens saß ich neben einem Herrn im Anzug, der mit einem Stapel Papiere raschelte. Als ich ihn darum bat, mich an seiner Hand festhalten zu dürfen, lächelte er und ließ mich nicht los, bis wir die endgültige Flughöhe erreicht hatten. Dann zog er seine Hand zurück und beschäftigte sich wieder mit seinen Papieren.

Wenn Sie keinen Körperkontakt mit Ihrem Gegenüber wünschen, können Sie auch sagen: »Erzählen Sie mir doch bitte Ihren Lieblingswitz.« An Witze zu denken, lenkt sowieso von Angst und Sorge ab. Ich habe verschiedene Lieblingswitze und freue mich immer, wenn mir ein Mensch begegnet, dem ich sie erzählen kann. Kennen Sie den? Fliegt eine Birne an einem Apfelbaum vorbei. Da sagen die Äpfel: »Birnen können ja gar nicht fliegen.« – »Doch«, antwortet die Birne, »ich bin die Birne Maja.«

Jedes Mal, wenn es Ihnen gelungen ist, jemanden um Hilfe zu bitten, stärken Sie Ihr Vertrauen in Ihre eigene soziale Kompetenz – und in die Hilfsbereitschaft Ihrer Mitmenschen. Im Zug können Sie sich an die Zugbegleiterin wenden. Bei Flugbegleitern ist der Umgang mit ängstlichen Passagieren sogar ein Teil der Ausbildung.

Übung: Der Angst davonlaufen

»Trägheit macht traurig« soll der Kirchenlehrer Thomas von Aquin (1225–1274) gesagt haben. Sicher hat er recht. Menschen mit depressiven Verstimmungen kennen das gute Gefühl, wenn sie in Bewegung gekommen sind. Bewegung fördert die Serotonin-Produktion, da fühlen wir uns gleich besser. Und es geht noch weiter: Längere Bewegung führt zusätzlich zu vermehrter Dopamin-Produktion. Dopamin ist ein wesentlicher Teil der inneren Motivation, es löst das Wohlgefühl aus, das sich nach einer gelösten Aufgabe einstellt. Dopamin ist also die innere, selbst herstellbare Belohnung, die anders als äußere Belohnung nie ihre Wirksamkeit verliert. Für Ängste gilt dasselbe. Je träger und bewegungsloser wir werden, umso stärker werden sie und umgekehrt.

Haben Sie den Satz schon öfter gehört, dass man vor irgendetwas einfach nicht davonlaufen könne? Das mag oft stimmen – und dieses Buch handelt ja genau davon, sich der Angst zu stellen. Aber es gibt Ausnahmen! In einer Notfallsituation dürfen Sie Ihrer Angst davonlaufen, und zwar im Sinne des Wortes. Angst macht uns oft starr, wir sprechen auch von lähmender Angst. Schütteln Sie diese Lähmung ab, bewegen Sie sich. Wenn Sie in einem Gebäude mit vielen Stockwerken sind, können Sie die Treppe hinauflaufen, bis Sie außer Atem sind. Haben Sie Spaß am Yoga, üben Sie den Sonnengruß zehnmal hintereinander, Liegestütze erfüllen den gleichen Zweck. Benutzen Sie ein Springseil. Seilspringen macht körperlich fit, bei Boxern ist es ein Teil des Trainings, habe ich mir sagen lassen. Es ist gut für die Kondition und die Körperkoordination. Kennen Sie noch die Kinderspiele dazu? Wie oft können Sie mit beiden Füßen, mit dem linken, mit dem rechten oder rückwärts springen? Laut zählen und tief atmen (kommt automatisch) – wer kann da noch Angst haben?

Und wenn Sie trotzdem noch Angst haben, begrüßen Sie diese Angst. Merken Sie sich ein paar Sätze, die Sie als Botschaft an sich selbst richten – immer wieder, auch und gerade in angstfreien Zeiten:

> **Übung: Merksätze**
> - Ich bin stärker als immer meine Angst. (Auch wenn Sie es in diesem Augenblick nicht glauben: Schon die Fähigkeit, diesen oder einen ähnlichen Gedanken denken zu können, ist der Beweis, dass es etwas über die Angst hinaus gibt, zum Beispiel den inneren Beobachter, der Ihre Angst benennt.)
> - Alle Menschen haben manchmal Angst, das ist in Ordnung.
> - Angst zu haben ist unangenehm, aber nicht gefährlich.
> - Wenn ich die Angst akzeptiere (und umarme), wird sie kleiner.
>
> Finden Sie Sätze mit Ihren Ausdrücken, bezogen auf Ihre speziellen Angstauslöser, zum Beispiel: »Ich habe furchtbare Angst vor dem Zahnarzt. Und es wird wehtun. Aber anschließend habe ich keine Schmerzen mehr und ein schönes Lächeln!«

Sicher kennen Sie den Satz: »Mach es nicht noch schlimmer!« Wir machen es schlimmer, wenn wir an einem Fleck heftig reiben, statt sanft zu tupfen oder ihn mit warmem Wasser zu entfernen versuchen. Wir machen es schlimmer, wenn wir einsehen, dass wir im Unrecht sind, aber noch nach weiteren (vielleicht immer absurderen) Argumenten für unseren Standpunkt suchen. Wir machen es schlimmer, wenn wir eine Beule in einen fremden Wagen gefahren haben und dann einfach weiterfahren. Gerade in der akuten Angstsituation ist es wichtig, es nicht noch schlimmer zu machen. Schlimmer wird es, wenn wir unseren Angstgedanken und -fantasien freien Lauf lassen. Hier heißt das Zauberwort: »Stopp!« Natürlich ist es nicht so einfach, in einer Paniksituation auf eine Stopptaste zu drücken. Sie werden wahrscheinlich gar nicht an eine solche Übung denken können. Hier helfen ein spitzer Stein, das Gummiband am Arm oder eine Geschmacksexplosion im Mund, vielleicht ein ganz salziges oder ein ganz saures Bonbon – oder Sie beißen einfach in eine Zitrone.

Neigen Sie zu überraschenden Panikattacken oder anderen plötzlich auftretenden Ängsten, gilt es als Erstes, den mental-emotionalen

Zustand, der sich schon verselbstständigt hat, zu unterbrechen. Dabei geht es nicht darum, sich selbst irgendwie zu verletzen, wie die obigen Beispiele vielleicht andeuten könnten. Ihre *Stopptaste* muss real zu bedienen sein, in der akuten Situation reicht die Vorstellung nicht aus. Der Stein, den Sie immer bei sich tragen können, wenn Sie das Haus verlassen, soll Sie nicht verletzen, aber er soll spürbar sein.

> **Übung: Mach es nicht noch schlimmer**
> Sobald Sie die Angst oder Panik wahrnehmen, schließen Sie Ihre Hand fest um den Stein. Richten Sie Ihre Aufmerksamkeit auf das, was Sie in Ihrer Hand spüren, die Ecken und scharfen Kanten des Steins. Hören Sie seine Botschaft, die da lautet: »Mach es nicht noch schlimmer!«
> Sagen Sie sich diesen Satz, treten Sie innerlich einen Schritt zurück in die beobachtende Position. Nun nehmen Sie Ihre Angst wahr. Sie ist da, wird sie wieder stärker, drücken Sie den Stein fester. Stellen Sie sich der Angst gegenüber auf, und dann sehen Sie zu, wie sie kleiner wird. Stellen Sie sich vor, sie würde von Ihnen weggezogen, immer weiter, bis sie nur noch ein kleiner dunkler Punkt in der Ferne ist.
> Je öfter Sie diese Übung machen, umso wirksamer wird sie sein. Nach einiger Zeit reicht es, den Stein in die Hand zu nehmen. Sie können diese Übung auch bei Wut, Ärger und Enttäuschung anwenden.

Hier folgt noch eine andere Übung, die sich besonders bei ersten Anzeichen von aufkommenden Ängsten und anderen unangenehmen Gefühlen bewährt hat. Die Wahrnehmung der ersten Anzeichen zu stärken ist hilfreich dabei, es erst gar nicht zu starken Attacken kommen zu lassen.

Übung: Das Gummiband am Handgelenk

Tragen Sie ein hübsches Gummiband um Ihr Handgelenk. Spüren Sie die erste Unruhe, schnippen Sie einmal damit, sodass Sie einen leichten Schmerz verspüren. Diese kleine Übung hilft bei der sofortigen Unterbrechung des Angstgefühls. Es soll nicht wirklich wehtun, sondern einfach kurz ablenken und einen anderen Gedanken einleiten. Mit dem Schnippen ist die Angst vielleicht noch nicht vorbei. Sie erinnern lediglich Ihr Gehirn daran, dass jetzt etwas anderes kommt. Und was dann kommt, entscheiden Sie sofort: Ein Tee? Ein Blick auf eine schöne Blume oder etwas anderes Erfreuliches? Es kann sich auch um eine Aufgabe handeln, derentwillen Sie unterwegs sind.

3. Womit wir es zu tun haben – Etymologie

Ich habe für dieses Kapitel den sogenannten Kluge (24. Auflage 2002) und das Herkunftswörterbuch von DUDEN (1989) benutzt – und ein bisschen Wiktionary benutzt.

Manchmal hilft es, uns, unsere Probleme und andere Phänomene besser zu verstehen, wenn wir der Bedeutung von Wörtern auf den Grund gehen. In der psychotherapeutischen Praxis hilft eine solche Begriffsbestimmung manchmal, Probleme zu relativieren. So ist eben nicht jedes Gefühl von Angst eine Panikattacke, und Furcht und Angst sind auch nicht ganz dasselbe. Außerdem möchte ich auch die Gefühle beschreiben, die den ängstlichen Gefühlen gegenüberstehen und zu denen wir auf dem Weg sind.

Die dunkle Seite

Angst

Das Wort gibt es als Substantiv seit dem 8. Jahrhundert. Althochdeutsch hieß es angus. Interessant ist, dass diese Bildung auf das deutsche und niederländische Sprachgebiet begrenzt ist. Es beinhaltet Bedeutungen wie das heutige Wort Angst, aber auch bedrängend. Die lateinische Form angor ist männlich und bedeutet außerdem noch Würgen. Nah verwandt sind auch die Wörter eng und Enge im Sinne von Beklemmung, Schwierigkeiten. Auch der Begriff engstirnig gehört in diese Reihe. Man sieht, in seiner Geschichte und vielfältigen Bedeutung spiegelt das Wort die Symptomatik und die Folgen des Phänomens Angst.

Furcht

Furcht und Gefahr scheinen in enger Verwandtschaft zu stehen. So bedeutet laut Duden Gefahr im mittelhochdeutschen unter anderem Nachstellung, Hinterlist – und Furcht. Die Furcht bezieht sich also, anders als die Angst, auf etwas Bedrohliches, das wir als solches erkennen. Bei der Realitätsprüfung unserer Ängste kann das bedeuten: Wenn wir wissen, wovor wir Angst haben, leiden wir an Furcht. Wir befürchten, dass etwas geschehen kann, das uns schadet. Schon dann kann das Gefühl sich mildern, weil es sich auf etwas Konkretes bezieht und nicht auf *alles*.

Panik

Panik ist in der Arbeit mit ängstlichen Menschen ein häufig, fast inflationär gebrauchtes Wort. Jede vorübergehende Angst oder Furcht wird zur Panikattacke, besonders, weil körperliche Reaktionen hinzukommen, die das Gefühl verstärken. Vater dieses Wortes ist der griechische Fruchtbarkeitsgott Pan. Pānikós war etwas durch Pan Bewirktes. Für die Griechen war das Auftreten des mit Ziegenhörnern und Ziegenfüßen ausgestatteten Gottes schreckenerregend. Was haben sie wohl befürchtet? Als plötzliches Erschrecken und Massenangst ging das Wort als Lehnwort des französischen panique in die deutsche Sprache ein.

Phobie

Die Verwendung für diesen vom griechischen Wort für Furcht phóbos abgeleiteten Begriff als *krankhafte Angst* ist eine Zuweisung des 20. Jahrhunderts. Mehr konnte ich über diesen Begriff nicht herausfinden. Dafür finden Sie in diesem Buch ein ausführliches Kapitel über den Umgang mit den Phobien.

Hier wird es heller

Sie werden sich vielleicht wundern, welche Begriffe ich hier ausgewählt habe, um die Kehrseite der dunklen Gefühle zu beschreiben. Meine erste These war ja, Mut als Antagonisten zur Angst zu setzen. Deshalb bleibt dieses Wort an erster Stelle. Und es ist wirklich ein hilfreiches Gefühl, das man in sich entwickeln kann. Dann bin ich auf Begriffe gestoßen, die in der Pädagogik und im allgemeinen Bewusstsein eher negativ besetzt, dabei aber doch im Umgang mit Ängsten sehr hilfreich sind. Darüber habe ich mich sehr gefreut, und ich möchte Ihnen diese alternativen Bedeutungen nicht vorenthalten.

Mut

Der Ursprung des überall im germanischen Sprachraum verbreiteten Wortes muot gehört mit verwandten Wörtern anderer Sprachgruppen in die Bedeutungsgruppe »nach etwas trachten, erregt sein«. Das griechische môsthai meint dasselbe, das lateinische mos bedeutet ursprünglich Wille. Denselben Ursprung hat unser Wort Moral. Mut ist mit zahlreichen Inhalten verknüpft, deren Zusammenhang man nur in den ursprünglichen Bedeutungen finden kann, wie zum Beispiel Vermutung, Zumutung, Anmut. Die heute geltende Sicht, Mut gleich Tapferkeit und Kühnheit, begann sich erst im 16. Jahrhundert durchzusetzen. Die alten Aspekte des Begriffes sind wichtig, wenn wir mit den Übungen in dem Kapitel *Wie werde ich mutig* arbeiten. Hier schließt sich nämlich die Frage an: Warum will ich mutig werden? Nur keine Angst mehr haben zu wollen ist auf Dauer keine tragfähige Motivation. Was will ich erreichen? Wonach trachte ich?

Kraft

Zum Mut gehört Kraft. Oder Stärke? Wie unterscheiden sich die beiden Begriffe – und was hilft eher weiter? Kraft ist ein mittelhochdeutsches Wort mit der Bedeutung Geschicklichkeit, List, Handwerk. Auch Krampf hat eine ähnliche Bedeutung, wahrscheinlich kommt sogar das

Wort Krieg aus demselben Stamm. Kraft hat immer etwas mit der Anspannung der Muskeln zu tun. In der Rechtsprechung hat Kraft die Bedeutung von Gültigkeit, zum Beispiel kraft des Gesetzes. Das Wort zeigt also leicht in Richtung *Macht*. Wir wissen aus dem Alltag: Viele Probleme lassen sich nicht einfach mit Kraft lösen, Geschick und List gehören auch dazu. So meint das englische craft oder handycraft eben Handwerk.

Vertrauen

Vertrauen ist ein schwieriges Thema, dem in der psychotherapeutischen und beratenden Literatur zu wenig Beachtung entgegengebracht wird. Ohne Vertrauen, etwas ändern zu können, ist jeder Weg schwierig, auch der Weg zum Mut. Hoffnungslos ist es aber niemals. – Und was bedeutet nun dieses Wort? Der Duden verweist uns auf *trauen*, ebenso der Kluge. Das Wort trauen gehört zur Wortsippe treu, deshalb lassen wir uns trauen, wenn wir uns treu sein wollen. Es heißt aber auch, etwas zu wagen, also wir trauen uns. Und dadurch wächst das Selbstvertrauen. Schön sind auch die Sinnbildungen aus dem 16. Jahrhundert, die Wortschöpfungen vertraulich oder sich anvertrauen. Damit kommt der Kontakt ins Spiel, um sich anvertrauen zu können, brauchen wir einen vertrauten Menschen. Behandelt er das ihm Anvertraute vertraulich, können wir Vertrauen haben.

Trotz

Besonders aufschlussreich finde ich es, dass Trotz eine durchaus positive Eigenschaft, ein hilfreiches Gefühl ist. Natürlich weiß ich als Mutter und von meiner früheren Arbeit mit besonderen Kindern, wie anstrengend es sein kann, mit Trotz konfrontiert zu sein und gewaltfrei damit umgehen zu müssen. Trotz ist etwas, das uns hilft, Widerstände zu überwinden. Wir tun etwas trotzdem, weil es notwendig oder einfach subjektiv wichtig ist, allen Widrigkeiten zum Trotz. Dieses Wort gibt es interessanterweise nur in Deutschland, wo es ja Widersetzlichkeit und Unfügsamkeit bedeutet. Der Ursprung ist im Dunkeln, aber es ist offensichtlich mit dem Wort Trutz verwandt, das Schutz bedeutet wie die Trutzburgen.

Frechheit

Eine gewisse Ähnlichkeit mit dem Trotz hat die Frechheit. Auch sie ist negativ besetzt, und der pädagogische Kampf gegen die Frechheit hat viele schmerzhafte Folgen und ist eine häufige Ursache mancher generalisierten Angststörung und sozialen Phobie. Nicht umsonst spricht Ingrid Müller-Münch von der geprügelten Generation. Das Schlagen von Kindern wurde in Deutschland erst im Jahre 2000 verboten, seitdem haben Kinder das »Recht auf gewaltfreie Erziehung«. Gegen all die seelischen Qualen, die Kinder erleiden, helfen Gesetze wenig. Wie stark ist das Kind, das da noch trotzig und frech sein kann! So sagte der Schriftsteller Rudolf Leonhard: »Frechheit ist die letzte und kühnste Äußerung der Sachlichkeit.«

Frech bedeutete ursprünglich auch habgierig, die Bedeutung wandelte sich in zwei Richtungen: einerseits in *wild*, anderseits in »tapfer, kühn, eifrig«. Mittelhochdeutsch ist frecheit Kühnheit. Die heutige Bedeutung ist erst im Neuhochdeutschen, also ab 1650, entstanden.

Wut

Da wir gerade bei widerständigen, wehrhaften Gefühlen sind, möchte ich auch noch die Wut näher betrachten. Auch hier haben wir die schon festgestellte Widersprüchlichkeit. Wir finden wout im Althochdeutschen für unsinnig, im Gotischen für besessen, rasend. Im Altenglischen ist wōd Ton, Stimme, Dichtung und auch Leidenschaft. Inwieweit diese beiden Wortbildungen zusammenhängen, ist nicht geklärt. Aus dem Keltischen wäre noch die Bedeutung anblasen, anfachen im Sinne von *inspirieren* anzubieten. Suchen Sie sich etwas aus, spüren Sie die Differenzen in Ihren wütenden Reaktionen auf unterschiedliche Situationen. Wut kann sehr wohl ein Schritt in Richtung Befreiung sein. Wenn sie auch nicht die endgültige Lösung ist, zeigt sie doch den Willen und die Kraft, zu einer solchen zu kommen. So verwandelte die spontane linke Szene in den 1970er-Jahren den biederen Spruch »Was länge währt, wird endlich gut!« in »Was lange gärt, wird endlich Wut!« Und tadeln Sie sich nicht dafür, wenn Sie wütend geworden sind!

Klarheit

Ohne seine moderne Nachsilbe bedeutet das Adjektiv klar im Mittelhochdeutschen hell, lauter, glänzend, deutlich. In seinem lateinischen Ursprung clarus besagt es auch laut, schallend, berühmt. Schon im Mittelhochdeutschen beschreibt es als Substantiv Reinheit und Deutlichkeit. In der Philosophie der Aufklärung findet sich dieser Sinn wieder. Klar zu sein ist also eine wichtige psychohygienische Eigenschaft und außerordentlich hilfreich im Umgang mit Ängsten.

4. Die Angst umarmen – mit Achtsamkeit

Das Wort Achtsamkeit ist in aller Munde – und vielleicht schon ein bisschen überstrapaziert. Außerdem stellen Sie sich hier vielleicht die Frage: »Was haben Achtsamkeit und Angst miteinander zu tun?« Die Frage ist berechtigt, oft genug ist es die Angst, die uns überhaupt erst daran hindert, wirklich achtsam zu sein. Aber müssen wir deshalb *angstfrei* sein, ehe wir ein Leben in Achtsamkeit führen können?

Erläuterungen zur Achtsamkeit

>»Das Geheimnis, wie wir mit einem Leben
>reich an Bewusstheit und Sensibilität beginnen können,
>liegt in unserer Bereitschaft, anwesend zu sein.«
>*(Jack Kornfield)*

Auch wenn der Begriff in aller Munde ist, möchte ich ihn mit einigen Bemerkungen einführen. Achtsamkeit ist eine wichtige Methode, um zu Ruhe und Gelassenheit zu finden. Ängste haben bei achtsamen, gelassenen Menschen wenig Chancen. Wenn wir mit unserer Aufmerksamkeit bei der Tätigkeit sind, die wir gerade verrichten, bei dem Menschen, mit dem wir gerade in Kontakt sind, wenn wir also in der Gegenwart sind, sind wir »achtsam« im spirituellen Sinn. Wenn wir achtsam sind, haben wir wenig Gelegenheit, uns Sorgen zu machen. Also wird der Umgang mit uns nicht nur für unsere Umwelt angenehm und beruhigend (die Menschen fühlen sich »gesehen«), sondern auch wir selbst kommen langsam zur Ruhe.

Achtsamkeit ist ein Wort von erstaunlich vielen Bedeutungen. Wir kennen den Ausruf »Achtung!« Das bedeutet Vorsicht, etwas kann nicht bewältigt werden, wenn du nicht mit deiner Aufmerksamkeit dabei bist. Achtung bewahrt uns also in Gefahren, wir nehmen uns *vor* etwas »in Acht«. Das führt uns zur nächsten Wortbedeutung: Wir können auch etwas in Acht nehmen, auf etwas achten, das heißt, ihm Fürsorge angedeihen zu lassen. So verfahren wir mit Dingen und Menschen, die wir »achten«, also die uns wichtig sind, vor denen wir Respekt haben.

In dem Begriff der Achtsamkeit, um den es uns hier geht, sind alle diese Bedeutungen enthalten. Aufmerksam, fürsorglich und respektvoll gehen wir mit unserem Leben um und mit allem, was darin eine Rolle spielt, wenn wir achtsam sind.

Übrigens: Die kleine Nachsilbe »sam« bei achtsam ist von erheblicher Bedeutung. »Sam« heißt eins, ein, zusammen, aber auch: gleich, von gleicher Art oder Beschaffenheit. Das Wort Sammeln hat diese Wurzel. Wir sammeln also unsere Aufmerk*sam*keit: Wir sind in der Gegenwart, nehmen Dinge, Menschen und Handlungen wahr, ohne sie zu beurteilen, wir sind uns gleichzeitig unserer Gefühle bewusst. Leichter als im Alltag ist diese Geisteshaltung in der Meditation zu üben. Doch sind kleinste Schritte im Alltag immer möglich und hilfreich. Stellen Sie sich ab und zu die Frage: »Was mache ich gerade und bin ich wirklich mit Gedanken und Gefühlen dabei?« Vielleicht gelingt es Ihnen, für einen Augenblick wirklich anwesend zu sein. Sie könnten Ihre Tätigkeit einen winzigen Augenblick unterbrechen und innerlich einen Schritt zurücktreten, in die Position der Selbstbeobachtung gehen und zur Ruhe kommen. Manchmal können wir kleine Hinweise finden, die uns daran erinnern, einen Moment »in Achtsamkeit zu verweilen«. Ich habe zum Beispiel das Glück, dass in der Nähe meiner Wohnung eine Turmuhr leise und melodisch die vollen Stunden schlägt. Wann immer ich es vernehme, halte ich inne mit meiner Tätigkeit – und sei sie noch so wichtig und eilig – und zähle die Schläge, und danach arbeite ich gestärkt weiter. So durchwirkt langsam ein neues Gefühl Ihren Alltag.

Kleine Warnung

Manche Menschen verstehen Achtsamkeit so, als sollen sie auf sich selbst achten, vor sich selbst Achtung haben und sich in Acht nehmen vor den Unbilden, den Lasten und Mühen, die durch andere Menschen an sie herangetragen werden. Das ist allerdings ein wichtiger Teil, aber eben nur ein Teil dieser Haltung. Dazu gehört natürlich auch, achtsam mit der Umwelt und mit anderen Menschen umzugehen, und zwar besonders mit den Menschen, die uns nahestehen. Bei unseren Liebsten fällt es uns nämlich am leichtesten, unachtsam zu sein. Meinen Sie, das sei ein ganz anderes Thema? Das glaube ich nicht: Je achtsamer, liebevoller wir mit den anderen umgehen, umso mehr werden sie in gleicher Weise antworten. Je mehr unsere Umwelt positiv (empathisch) auf uns reagiert, desto sicherer fühlen wir uns und umso weniger Ängste müssen wir vor dem Verlassenwerden und Alleinsein haben.

Achtsamkeit und Angst

Vielleicht geben schon die obigen Erläuterungen einen Eindruck davon, wie sehr ein achtsames Leben im *Hier und Jetzt* uns von Ängsten befreien kann, ganz besonders von irrationalen Ängsten oder solchen, die etwas mit Ereignissen in der Zukunft zu tun haben. Die gängige Redensart *Ganz entspannt im Hier und Jetzt* ist übrigens der Titel eines Buches mit dem Untertitel *Tagebuch über mein Leben mit Bhagwan in Poona* (1979). Dieses Buch von Jörg Andrees Elten (1927–2017), ehemaliger Journalist, ist immer noch ausgesprochen lesenswert.

Die folgende Übung befreit Sie vielleicht nicht für immer von allen Ihren Ängsten. Probieren Sie sie einfach aus. Das Hauptziel ist, ein Gefühl dafür zu entwickeln, dass Sie mehr sind als Ihre Angst, also: Sie *sind* nicht Angst, Sie *haben* (manchmal mehr, manchmal weniger) Angst. Hier ist einer der Zaubersätze: »Ich habe Angst!« Sie müssen sich also nicht von Ihrer Angst überwältigen lassen! Nie!

Übung: Achtsam sein mit der Angst
1. Teil: Beruhigendes Atmen

Beginnen Sie damit, dass sie *denken*: »Ich habe Angst!« Kümmern Sie sich dabei weniger um Ihr Gefühl, bleiben Sie bei dem Gedanken. Der nächste Gedanke kann sein: Ich werde jetzt ruhig atmen. Setzen Sie sich bequem hin und achten Sie auf Ihre Atmung. Denken Sie dabei entsprechend: Ich atme ein, ich atme aus. Sollten Ihre Gedanken wieder zu dem Gefühl wandern und Ihre Aufmerksamkeit sich von der Atmung lösen, wiederholen Sie sich: »Ich habe Angst und atme jetzt ruhig.« – Sie können diesen Ablauf einige Male wiederholen, ohne sich um die Angst zu kümmern. Vermeiden Sie vor allem das Nachdenken über irgendwelche Inhalte oder Begründungen! Das verstärkt die Angst nur, statt sie zu beruhigen. Sollte es Ihnen gar nicht gelingen, schieben Sie die folgende Zwischenübung ein.

Zwischenübung

Diese Zwischenübung ist auch sehr geeignet als Sofortmaßnahme zur Beruhigung aller Gefühle, die Sie überschwemmen. Sie ist leicht, überall anwendbar und wirklich ungeheuer wirkungsvoll im *Akutfall*. Außerdem ist sie geradezu der Beweis dafür, wie die Gedanken die Gefühle beeinflussen können.

Es funktioniert folgendermaßen:

Wenn Sie scheinbar nichts mehr von heftigen Gefühlen ablenken kann, zählen Sie bitte fünf Hauptstädte Afrikas oder zehn Flüsse in Europa auf. Sie können sich auch umsehen und nach roten Gegenständen in dem Sie umgebenden Raum suchen oder nach roten runden Gegenständen. Geben Sie nicht auf, je schwerer die Fragestellung, umso größer der Effekt. Damit diese Übung Ihnen auch jederzeit zur Verfügung steht, können Sie ein Blatt Papier mit einer Liste möglicher Aufgaben bei sich tragen. Noch besser ist es, sich eine größere Anzahl von Aufgaben auf kleine Karteikarten (DIN A7) zu schreiben – und einfach eine Aufgabe zu ziehen. Dann haben Sie schon die erste Ablenkung bei der Spannung, welche Aufgabe erscheinen wird. Schreiben Sie auch Fragen zu Themen auf, in denen Sie sich nicht so gut auskennen, so können Sie, außer mit Ihrer Angst sanft umzugehen, auch noch Ihr Allgemeinwissen erweitern. Sollten Ihnen keine Antworten einfallen, dürfen Sie gern das Internet befragen.

Außer den oben angeführten Beispielen kann noch auf der Liste stehen:
- Wie viele Bundesstaaten der USA kennen Sie? (Es sind fünfzig)
- Können Sie alle Bundesländer der BRD aufzählen? (Es sind sechzehn)
- Alle Frauenvornamen, die denselben Anfangsbuchstaben haben wie Ihr Name.
- Fünf Bundespräsidenten.
- Weiße und gelbe Frühlingsblüher.
- Zehn exotische Früchte.

Lassen Sie die Liste lang sein, sammeln Sie kleine Aufgaben bei Freunden. Spätestens nach der dritten gelösten Aufgabe ist Ihre Angst ziemlich klein geworden. Dann können Sie sich dem zweiten Teil der Übung zuwenden.

2. Teil: Die Angst auflösen

Nach diesen Vorübungen ist sicher eine kleine Entspannung eingetreten. Die Angst mag geblieben sein, aber sie ist mit weniger Aufregung, weniger bedrohlichen Bildern verknüpft. Nun atmen Sie ganz ruhig und sehen sich die Angst an. Spüren Sie sie in Ihrem Körper. Ehe es wieder bedrohlich wird, stellen Sie sich vor, wie Sie sich und die Angst *beobachten*. Nur beobachten, wahrnehmen: Ist sie im Körper an bestimmten Stellen zu empfinden, im Bauch, im Magen, auf der Brust, in der Kehle? Spüren Sie diese Angst als einen Teil von sich – ohne zu analysieren oder etwas ändern zu wollen, nur ruhig atmend wahrnehmen: Da ist die Angst. Die Aufmerksamkeit atmend dort lassen, wo sich die Angst im Körper manifestiert. Sie dürfen ein wenig beruhigend mit der Angst, *ihrer* Angst, sprechen, behutsam, freundlich:»Da bist du ja, meine Angst, ich kenne dich...« Nicht kämpfen, einfach wahrnehmen, ruhig atmen. Und langsam (und bei wiederholter Übung auch schneller) wird die Angst sich einfach auflösen.

Die Angst kennenlernen

Es ist sinnvoll, seine eigene Angst kennenzulernen, um alle Übungen hilfreich durchführen zu können. Damit meine ich nicht, die Angst zu analysieren, Ihre Krankheitsgeschichte zu ergründen. Letzteres halte ich durchaus für sinnvoll, Sie sollten es aber möglichst nicht im Alleingang tun. Sollte dieses Buch nicht ausreichen, sie so weit von Ihren Ängsten zu befreien, beziehungsweise Ihnen einen guten, beruhigenden Umgang mit den Ängsten zu ermöglichen, dann können Sie andere Hilfen in Anspruch nehmen.

Hier geht es mir darum, die heutige, aktuelle Angst kennenzulernen. Das kann auf zwei Ebenen passieren, nämlich in der Aufteilung in verschiedene Kategorien (siehe dort). Die andere, geradezu notwendige Kenntnis, die Sie über Ihre eigenen Ängste haben können, ist sehr pragmatisch: Wann, wo und in welcher Situation bekomme ich Angst? Dazu gehört auch die Frage: Gibt es eine gewisse Regelmäßigkeit in meiner Angst? (Immer, wenn ich …)

Um Ihre Angst näher kennenzulernen, ist es nicht nötig – ja eher kontraproduktiv –, zu tief in Situationen einzutauchen. Es geht hier darum, situativ zu beschreiben, wo die Angst auftritt. Dabei ist eine Tabelle hilfreich. Tabellen in der Selbsterfahrung verhelfen zu rationalen Erkenntnissen, ohne die Gefühle zu sehr aufzuwühlen. Es ist auch wichtig, immer wieder Distanz herzustellen zu Gefühlen, die uns negativ beeinflussen oder gar quälen, deshalb steht die Übung *Die Angst auflösen* vor diesem Kapitel. Sie können Ihre Angst am besten kennenlernen (analysieren), wenn Sie sie nicht akut fühlen.

Schauen Sie sich das folgende Beispiel an und arbeiten Sie dann nach einer eigenen Tabelle:

Datum, Uhrzeit	In welcher Situation befand ich mich (erkennbarer Auslöser)?	Wie habe ich mich vor dem Angstausbruch gefühlt?	Wie stark war die Angst auf einer Skala von eins bis zehn?	Wie hat sich die Angst aufgelöst?
23. 8. 8.00	Ich sitze beim Frühstück. Es ist ein gutes Frühstück, aber meine Gedanken eilen voraus. Es ist nicht mein erstes Seminar, und es gab auch schon welche, bei denen ich nicht so gut angekommen bin.	Ich mag das Hotel, ich mag es, auf Reisen zu sein. Dabei fühle ich mich erwachsen und autonom.	so zwischen fünf und sechs	Diesmal weitgehend schon nach der Vorstellungsrunde, weil mein Konzept den Erwartungen der Teilnehmerinnen entsprach. Am Ende war ich voller Freude und Stolz, es geschafft zu haben, auch, wenn es nicht perfekt war.

Und jetzt Sie!

Datum, Uhrzeit	In welcher Situation befand ich mich (erkennbarer Auslöser)?	Wie habe ich mich vor dem Angstausbruch gefühlt?	Wie stark war die Angst auf einer Skala von ein bis zehn?	Wie hat sich die Angst aufgelöst?

In der Beispiel-Tabelle habe ich eine eigene Erfahrung eingebracht. Im Folgenden wird deutlich, welche Erkenntnisse Sie daraus ziehen können. Spalte 1: Ich begegne einer Gruppe von Kolleginnen, denen ich ein Seminar gebe. Trotz guter Vorbereitung und verschiedenen Versuchen, mich zu beruhigen, habe ich starkes Lampenfieber.

Aus der zweiten Spalte wird ersichtlich, dass die Situation (noch) keineswegs angstauslösend war. Angst ist kein dauerhafter Zustand. Sie kann kommen – und auch wieder gehen. Meine Angst begann mit den *Gedanken*, es gab also gar keinen Grund für sie. So wird auch in der dritten Spalte deutlich: Es gibt einen Zustand *vor* der Angst. Dieser kann sehr unterschiedlich sein. In meinem Beispiel waren es die Freude am Hotelleben und das tiefe Interesse für mein Thema.

Die Einschätzung der Stärke der Angst zeigt uns, dass es sich nicht um Todesangst handeln kann, dann wäre es eine Zehn auf der Skala in Spalte vier. Und wie oft kommt das schon vor? Und wenn das Angstniveau unter der Acht liegt, können wir davon ausgehen, dass auch andere Gefühle gegenwärtig sind, wie zum Beispiel Ärger, Neugier und eigentlich alle andere. Allerdings sind alle Ängste ab vier auf der Skala durchaus ernst zu nehmen – und damit Thema dieses Buches.

Die allerwichtigste ist die letzte Spalte: Jede Angst hat ein Ende. Und das zu verinnerlichen und wie ein Mantra im Kopf zu behalten, kann die nächste Angst schon vor ihrem Beginn beschwichtigen.

Das Problem mit der Ablenkung

Ablenkung. Dieses Wort hat für manche Menschen einen negativen Beigeschmack. Sie sagen: »Ich lenke mich ja *nur* ab.« Das ist unter anderem in einem älteren psychotherapeutischen Dogma begründet. Dies war besonders verbreitet in den 70er- und 80er-Jahren der harten Körpertherapie (sehr beliebt bei den Schülern Baghwans, auch Osho genannt). Die Idee war, alle Gefühle noch einmal tief zu durchleben und auszudrücken, mit Schreien, Weinen, Zittern, Treten und Schlagen. Das galt besonders für Gefühle wie Angst und Wut. Nachdem die Gefühle in der beschriebenen Weise ausgedrückt worden waren, sollte die Erlösung, die Katharsis, eintreten. Natürlich trat nach einer heftigen körpertherapeutischen Übung große Erleichterung ein, ein Glücksgefühl, das auch Marathon-Läufern bekannt ist. Ob sich in der Seele etwas verändert hatte, wurde nicht deutlich. Im Zuge theoretischer Erkenntnisse, auch begründet in den Ergebnissen der Neuropsychologie, kam es zu einem Paradigmenwechsel. Eine heftige Wiederholung alter Gefühle, ein Sichhineinstürzen in alte Ängste sei eine Retraumatisierung, wiederhole und verstärke das alte Gefühl und sei deshalb keineswegs heilsam, glaubt man heute. So bestehen zum Beispiel verschiedene Techniken der Traumatherapie darin, zuerst eine emotionale Distanz zum Trauma zu schaffen, die Patientin zu stabilisieren, ehe das eigentliche Trauma bearbeitet wird.

»Umarmen Sie Ihre Angst.« Das hört sich abstrakt an, deshalb ist es sinnvoll, der Angst ein Gesicht zu geben, kein böses, bedrohliches Gesicht, sondern eben ein ängstliches. Die Übung gründet auf den Theorien der Ego-State-Therapie und der Arbeit mit dem inneren Kind bzw. den inneren Kindern. Diese Übung können Sie in akuten Angstsituationen machen, wenn Sie in der Regulation von Angstgefühlen geübt sind.

> **Übung: Angst benennen, akzeptieren und umarmen**
> Stellen Sie sich ein Kind vor, etwa im Alter von vier bis sechs Jahren. In diesem Alter können Kinder ihre Gefühle wahrnehmen und benennen. Es kann sich um ein unbekanntes Kind handeln oder auch um Sie selbst als Kind. Sehen Sie genau hin: Wie sieht das Kind aus? Wie ist es gekleidet? In welcher Umgebung befindet es sich? Und dann beobachten Sie das Gesicht des Kindes. Sehen Sie die Angst, vielleicht sogar große Angst, Panik. Verhalten Sie sich, als hätten Sie ein reales Kind vor sich. Da helfen weder Analyse noch Beschwichtigungen. Nun treten Sie als erwachsenes Ich in die Szene. Sagen Sie dem Kind: »Du hast Angst.« Und dann nehmen Sie

das Kind sanft in den Arm – Sie umarmen also Ihre Angst. Atmen Sie eine Weile tief und gleichmäßig, bis das Kind ruhiger wird, die Angst sich beruhigt. Dann fühlt Ihr ängstlicher innerer Teil sich sicher bei Ihrem erwachsenen Ich.

Manche Menschen mögen Übungen mit inneren Anteilen nicht, sie fühlen sich dann irgendwie gespalten. Manchen Menschen fällt es auch schwer, zu imaginieren, sie denken weniger in Bildern als andere. Oder sie mögen sich selbst als Kind nicht. Wenn es Ihnen auch so geht, verzichten Sie auf die Übung. Ebenso kann es sein, dass Sie sich nicht auf mentaler Ebene mit Ihrer Angst auseinandersetzen können oder wollen, zum Beispiel, weil sich Angst verstärken kann, wenn wir an sie denken.

Vielleicht bekommen Sie eher Zugang zu Ihrer Angst über den Körper. Ajahn Brahm schreibt in seinem Buch *Wie hilft der Bär beim Glücklichsein* über eine Frau, die ihn wegen ihrer Panikattacken um Hilfe bat. Diese seien so stark, dass sie seit einiger Zeit ihr Haus nicht mehr verlassen könne. Er schlägt ihr verschiedene Schritte vor, die von liebevoller Akzeptanz zur Auflösung der Symptome führen. Das entspricht im Wesentlichen der Idee, *Gefühle zu beheimaten*. Im Folgenden fasse ich diese Übung zusammen:

> **Übung: Angst liebevoll entfernen**
> Die Übung ist in verschiedene Schritte aufgeteilt, oft kann sie nicht gleich im Ganzen absolviert werden. Sie darf sich über mehrere Tage hinziehen. Notieren Sie dann die Antworten, die Sie sich auf die Fragen geben.
> 1. Erster Schritt: Lokalisieren Sie die Angst oder Panikattacken in Ihrem Körper. Wir nehmen es oft nicht wahr, aber alle Gefühle haben einen körperlichen Niederschlag, da das Gehirn Botenstoffe aussendet, die die körperlichen Vorgänge verändert. So können Gefühle Verspannungen auslösen, Atemnot, Engegefühle, aber auch – bei freudigen Gefühlen – Empfindungen von Leichtigkeit, Weite im Brustkorb, Wärme in den Wangen. Letzteres kennen wir auch bei Gefühlen wie Scham und Ver-

legenheit. Also: Wo sitzt die Angst in Ihrem Körper? Wenn Sie sicher sind, die Stelle gefunden zu haben, geht es so weiter:
2. Die nächste Frage lautet dann: Was genau empfinden Sie dort? Welcher Art sind die körperlichen Empfindungen? Bitte genau wahrnehmen, beschreiben und notieren. Der Nebeneffekt dieser genauen Beobachtungen ist schon eine Distanzierung von der Angst, ein Beweis, dass Sie nicht Angst sind, sondern nur (!) Angst haben.
3. Bei dem nächsten Anflug von Angst machen Sie sich die Stelle in Ihrem Körper bewusst. Empfinden Sie Mitgefühl: Dieser Körperteil leidet wie Sie unter der Angst.
4. Und nun zitiere ich Ajahn Brahm wörtlich: »Sobald sich wieder eine Panikattacke ankündigt und Sie spüren, wie diese Empfindungen aufkommen, legen Sie sich eine Hand auf die Brust [bzw. wo Sie die Angst empfinden] und geben sich eine kleine Massage. Kriegen Sie das nicht hin, überlassen Sie es Ihrem Freund. Der macht das bestimmt gern.« (Brahm, S. 143)

Das war's. Bei Brahm geht die Geschichte so weiter: Die Frau erzählt, die körperlichen Empfindungen verschwänden, sobald sie die Stelle massiere, und die Panik mit ihnen. Nach etwa vierzehn Tagen habe sie ihr normales Leben wieder aufnehmen können.

Übrigens sind Brahms Bücher sehr lesenswert. Sie können viele Dinge relativieren, einen zum Lachen bringen und zu großer Erleichterung führen – besonders die Lektüre *Die Kuh, die weinte*.

Meditation

Da wir gerade im Buddhismus angekommen sind, hier noch einige Bemerkungen zu dessen Vorstellung von Meditation. Vielleicht haben Sie es schon versucht und es wieder aufgegeben, weil es *nichts bringt*, das Meditieren. Und weil zu viele Forderungen damit verbunden sind an Länge und Dauer der Sitzungen. Auch gibt es einen großen Anspruch daran, was es *bringen* soll. Ziel sei es, ganz ruhig zu werden, keine Ängste oder andere heftigen Gefühle mehr zu haben, keine Gedanken – der Kopf soll leer sein. Nach der Meditation soll man ausgeglichen, liebevoll und sorgenfrei sein. Nichts davon tritt ein – außer, Sie sind der Dalai Lama und meditieren jeden Tag mehrere Stunden über viele Jahre hinweg. Dann können die beschriebenen Erwartungen annähernd erfüllt werden. Im Buddhismus gibt es viele Meditationsformen, die dem Wissen gerecht werden, dass es keinen gedankenleeren Kopf gibt. Deshalb benutzen Meditierende dort Hilfsmittel wie Körperwahrnehmungen, Mantren, Betrachtungen von Texten und Bildern bis hin zu komplizierten Imaginationen, sodass es kaum mehr möglich ist, an etwas anderes zu denken.

Es ist für keinen Menschen einfach, Gedanken aus seinem Kopf zu streichen. Ziel einer Meditation, zumindest bei Anfängern, ist es eher, sich und seine Gedanken kennenzulernen, ohne sich von ihnen beeindrucken zu lassen. Ein Bild zeigt deutlich, was ich meine: Stellen Sie sich vor, Sie sitzen am Rand einer viel befahrenen Straße. Ununterbrochen fließt der Strom der Autos an Ihnen vorbei. Das sind Ihre Gedanken. Sie nehmen sie zur Kenntnis und lassen sie weiterfahren. Dann hält ein Auto an, und Sie steigen ein. Nun sind Sie aus Ihrer Meditationsruhe herausgeworfen und denken wieder die alten Gedanken. Ja und? Das kommt auch bei geübten Meditierenden ungefähr fünf bis zehn Mal in der Minute vor. Wenn Sie wahrnehmen, dass Sie wieder denken, statt Ihre Gedanken nur zu beobachten, können Sie wieder aussteigen. Tadeln Sie sich nicht, machen Sie einfach weiter in Ihrer Praxis des Meditierens.

> **Übung: Erste Meditation – Die Ein-Atemzug-Übung**
> Sie spüren einfach, wie Sie atmen, ohne die Atmung irgendwie zu beeinflussen. Haben Sie einmal so geatmet und dabei an nichts anderes gedacht, war das eine wunderbar gelungene Meditation. Ein Atemzug reicht, machen Sie diese Übung lieber öfter als länger, dann ist der Erfolg (nämlich sich auf diesen einen Atemzug zu konzentrieren) sicherer.

> **Übung: Meditation – viele Atemzüge**
> Diesmal nehmen Sie – auch das geht immer und überall – bewusst eine Haltung ein, unabhängig davon, ob Sie stehen oder sitzen. Sie stellen die Füße fest auf den Boden. Im Stehen sollen die Knie leicht gebeugt sein. Dann richten Sie sich auf, die Schultern hängen entspannt, leicht nach hinten gezogen, der Kopf ruht aufrecht auf der Wirbelsäule. Nun atmen Sie achtsam: Nachdem Sie ausgeatmet haben, beginnt die Übung. Sie zählen Ihre Atemzüge. Auf »eins« einatmen, dann behutsam wieder ausatmen, Sie können dabei »aus« denken. Nachdem Sie ausgeatmet haben, ruhen Sie sich einen winzigen Augenblick aus, bevor Sie mit »zwei« wieder einatmen. Machen Sie nach dieser Methode so viele Atemzüge, wie Sie wollen. Die Übung endet mit dem Moment der Ruhe nach der Ausatmung.

Falls Sie regelmäßig meditieren möchten

Sie können die Ein-Atemzug-Übung so oft hintereinander machen, wie Sie wollen. Schnell werden Sie feststellen, dass nach drei bis vier Atemzügen Ihre Gedanken abschweifen. Ja und? Fangen Sie einfach von vorn an. Obwohl ich diese Übung schon seit vielen Jahren mache, sind mir noch nie mehr als 9 (in Worten: neun) Atemzüge ohne Ablenkung gelungen. Ich arbeite weiter daran. Jedenfalls beginnt so jede Meditation: mit dem Gewahrwerden des Atmens.

Der Nutzen einer Übungskombination aus aufrechter Haltung und bewusster Atmung stellt sich im Alltag schnell ein. In jeder Angstsituation, bei jedem Streit, bei jeder Herausforderung können Sie diese Position einnehmen, sich ein wenig damit beruhigen und »erden« – besonders wenn Sie sie im Stehen machen. Sagt man nicht »Nun komm mal wieder auf den Boden«?

5. Erscheinungsformen der Angst

KLEINE VORBEMERKUNG: Die folgenden Unterteilungen finden Sie so nicht im Lehrbuch der Psychologie. Wenn Sie mehr psychologisches Hintergrundwissen haben möchten, lesen Sie zunächst das Kapitel *Grundformen der Angst*. In den folgenden Ausführungen habe ich mich weitgehend an Erfahrungen orientiert, also daran, wovor wir Angst haben. Hier geht es um Ängste, die ich aus Therapien kenne – und natürlich aus eigener Erfahrung.

Eigentlich ist es absurd, von Kategorien oder Formen der Angst zu sprechen. Angst ist ein Gefühl, das sich vielleicht in unterschiedlichen Stärken zeigt, immer aber ist es dasselbe Gefühl. Das hat auch Vorteile: Jeder versteht, was ich meine, wenn ich sage: »Ich habe Angst!« Das funktioniert auch bei allen anderen Grundgefühlen (Ärger, Ekel, Freude, Neugier, Traurigkeit, Scham und Schuld) so, sogar unabhängig vom kulturellen Kontext.

Wir können vor anderen Dingen Angst, aber keine andere Angst haben, Angst fühlt sich wie Angst an. Wenn Angst also immer gleich ist, ist die einzig sinnvolle Frage in der Psychologie: »Wie kommt sie in das Leben eines bestimmten Menschen – und wie in diesem Ausmaß«, also die Frage nach der Psychogenese der Angst. Aus diesen Gründen habe ich in diesem Buch eine eigene Unterteilung der (unteilbaren) Angst vorgenommen. Ich orientiere mich daran, wo Angst im Alltag auftreten kann.

Ängste sind in der Regel Ängste vor etwas, und das liegt oft in der Zukunft. Aber der Nährboden für die Zukunftsängste sind immer die gespeicherten Situationen aus der Vergangenheit, die wir als bedrohlich erlebt haben. Dabei ist es erstaunlicherweise völlig gleich, ob das Bedrohliche, Gefährliche wirklich passiert ist, oder ob es seinerzeit auch *nur* eine Angst war, die sich auf die nähere oder fernere Zukunft richtete. Dafür ist die Geschichte mit dem Füller (s. unten) ein gutes Beispiel. Die Erinnerung an die Angst wäre unverändert dieselbe, wenn das Befürchtete (die Prügel durch die Mutter) tatsächlich eingetroffen wäre. Deshalb ist es wichtig, sich auch mit Ängsten aus der Vergangenheit zu beschäftigen – und sie wie gegenwärtige Probleme ernst zu nehmen. Die rationale ebenso wie die emotionale Erkenntnis, dass es sich um Vergangenheit handelt, ist manchmal gar nicht so einfach zu erreichen. Wenn wir die alte Angst *fühlen*, ist sie natürlich gegenwärtig.

Drohende Ereignisse und Scheinriesen

Es ist nicht nur das Lampenfieber. Wir alle kennen mehr oder weniger schlimme Ängste vor etwas, das uns bevorsteht. Das mag ein Besuch beim Zahnarzt sein, ein Gespräch, zu dem der Chef eingeladen hat, oder die Lehrerin des Kindes, eine Vorstellung für eine neue Arbeitsstelle. Ebenso entwickeln wir Ängste, wenn wir auf das Ergebnis einer Vorsorgeuntersuchung warten oder wenn die Ehefrau nicht zum verabredeten Zeitpunkt nach Hause kommt. Diese Ängste, die von diffusem Unbehagen bis zur mittleren bis schweren Panik reichen, haben alle etwas gemeinsam, und das betrifft alle Ängste, die sich auf die Zukunft beziehen (s. nächsten Absatz). Wir halten Ungewissheiten nicht gut aus. Das Gefühl, nicht zu wissen, was passiert, keine Kontrolle zu haben, macht uns hilflos, ängstlich oder wütend. So erklärt sich, warum Mütter ihre zu spät kommenden und mit Sorge erwarteten Zöglinge zuerst wütend ausschimpfen, statt erleichtert zu sein und von ihren erlebten Sorgen zu erzählen. Gleiche Auseinandersetzungen gibt es oft bei Paaren. Sollte das in Ihrer Beziehung oft der Fall sein, sehen Sie sich noch einmal die Übung vom *guten Ende* (s. Seite 62) an. Die funktioniert nämlich auch, wenn der letzte Streit erst wenige Minuten zurückliegt und Sie das erste freundliche Gefühl Ihrem Partner gegenüber wieder haben.

Kommen wir nun zu den Scheinriesen. Damit meine ich etwas, das (meist) in naher Zukunft liegt: ein Gespräch mit dem Chef, der Lehrerin des Kindes, eine Vorsorgeuntersuchung. Es kann sich auch um größere Lebensereignisse handeln, die noch nicht überschaubar sind, um Übergangssituationen zwischen zwei Anstellungen, zwei Wohnorten, Schule und Berufsausbildung. Übergange sind immer eine starke Gefährdung unserer Kohärenz und deshalb sehr angstbesetzt.

Herr Tur Tur

Sollte Ihnen der Begriff Scheinriese bekannt vorkommen, dann haben Sie wahrscheinlich als Kind Michael Endes Buch von Jim Knopf und Lukas dem Lokomotivführer gelesen – oder Ihren Kindern vorgelesen. Der kleine Findeljunge Jim fährt mit seinem großen Freund und Beschützer Lukas in der Lokomotive Emma durch die Wüste. Plötzlich entdecken sie etwas sehr Erschreckendes: Sie sehen in der Ferne einen Riesen, der ist größer als das größte Gebirge der Welt. Geht es uns mit unserer Angst nicht auch manchmal so? Der kleine Jim fordert sofort zur Flucht auf, eine der drei Standardreaktionen, die von Angst ausgelöst werden. Die anderen beiden sind: sich totstellen oder angreifen. Letzteres spielt bei der *Angst vor dem Fremden* eine große Rolle.

Lukas, erwachsener und gelassen, versucht den Knaben zu beruhigen, der Riese sähe doch sonst ganz manierlich aus und könne ihnen vielleicht sogar den Weg zeigen. Doch auch als der Riese die beiden bittet, nicht wegzulaufen, bleibt Jims Angst: »Vielleicht verstellt er sich nur.« Lukas hingegen empfindet Mitleid mit dem riesigen Kerl, nimmt dessen Einsamkeit wahr. Als Lukas auf den Riesen zugeht, geht Jim mit. Er glaubt, er täte es, weil er Lukas nicht allein lassen könne. Ich glaube, seine Reaktion ist auch in anderen Gefühlen begründet als in der Angst, allein zurückzubleiben. Da sind auch Neugier, das Vertrauen zu Lukas und eigener Mut. Beim Näherkommen wird der Riese immer kleiner, er ist ein magerer alter Mann mit dem Namen Tur Tur. Es wird eine sehr freundliche Begegnung, und Jim kann einfach nicht begreifen, was passiert ist. Er braucht noch eine Probe, um seiner

Wahrnehmung zu trauen. So entfernen sich Lukas und Herr Tur Tur von ihm, und Jim sieht, wie Lukas immer kleiner und der Riese immer größer wird. Zufrieden sagt Jim abschließend: »Herr Tur Tur, Sie sind wirklich ein Scheinriese!«

Jim hat etwas getan, was bei der Arbeit mit der Angst ganz wichtig ist: Er hat den Angstinhalt einer Realitätsprüfung unterzogen. So blieb am Ende von dem bedrohlichen Riesen nichts übrig als ein freundlicher, hilfsbereiter und ein wenig einsamer alter Mann. Scheinriesen begegnen uns oft in Gestalt von Vorgesetzten, unzufriedenen, wütenden Kunden oder bedrohlichen Situationen, die unseren ganzen Einsatz erfordern wie zum Beispiel Prüfungen. Ich weiß nicht, ob Ihr Chef hinter seiner Chef-Fassade ein freundlicher, etwas einsamer alter Mann ist. Selbst wenn er ungeduldig, cholerisch und unfreundlich ist, also (fast) ein echter Riese, gibt es etwas hinter diesem Habitus. Und selbst, wenn Sie sein Problem nicht konkret benennen können (vielleicht hat er eine depressive Frau) – irgendetwas Weiches wird da sein. Wenn Ihnen gar nichts begegnet, bleibt Ihnen immer noch die Möglichkeit, Mitgefühl mit ihm zu haben, wie Lukas von Anfang an Mitgefühl mit Herrn Tur Tur hatte. Und warum sollten wir uns vor jemand fürchten, der unser Mitgefühl verdient – es sei denn, es handelt sich um einen Tiger. Die Realitätsprüfungs-Frage in diesem Fall lautet: »Was kann mir *wirklich passieren*?« Was wäre der schlimmste Fall, der GAU? Und: Wären Sie dann tot? Nicht? Na, also! Am besten, Sie bereiten sich auf die Situation ausreichend vor!

Das Einzige, das wirklich hilft, einer bevorstehenden, mit unguten Gefühlen besetzten Situation angstfreier entgegenzusehen, ist eine ausführliche, mit vielen positiven Bildern ausgestattete Vorbereitung. Ein gutes Grundgefühl wie »es wird schon gut gehen« kann sehr hilfreich sein, ist aber selten stabil, und es verlässt uns manchmal genau dann, wenn wir es wirklich brauchen, nämlich wenn uns die Situation direkt bevorsteht und keine Zeit mehr für eine gute Vorbereitung bleibt.

> **Übung: Aktive Situationsvorbereitung**
>
> Schauspieler bereiten sich – ganz egal, wie groß das Lampenfieber ist – ausführlich und auf vielen Ebenen auf ihren Auftritt vor:
> - Sie lernen ihren Text.
> - Sie machen Atemübungen.
> - Sie sprechen ihren Text laut.
> - Sie üben eine Körperhaltung, die zur Rolle passt.
> - Sie achten auf ihr Kostüm und das Bühnenbild, in dem sie sich bewegen sollen.
>
> Wenn sie ein Gesamtbild von ihrer Rolle haben, können sie sich selbst immer wieder in dieser Rolle *sehen*. Am Ende sind sie mit ihrer Rolle so weit identifiziert, wie es braucht, um sie glaubhaft darzustellen.
>
> Nach diesem Muster können Sie sich zum Beispiel auf Vorstellungsgespräche, aber auch auf Arztbesuche vorbereiten. Sie können damit sogar Phobien durchbrechen. Haben Sie Angst vor engen Räumen, Angst, einen Fahrstuhl zu betreten? Angst vor vielen Menschen – in Kaufhäusern, im Theater oder sonst wo? Nehmen Sie sich eine Freundin zu Hilfe, üben Sie nach obigem Muster. Ja, auch einen Fahrstuhl zu betreten, kann in eine Rolle umgewandelt werden, die einfach gespielt werden muss. Und wenn Sie sich selbst sicher und ruhig atmend in dem Fahrstuhl sehen können, betreten Sie ihn, vielleicht beim ersten Mal für nur eine Etage und/oder mit einer Freundin an Ihrer Seite.

Diese Übung eignet sich bei allen konkreten Ängsten, bei der Angst vor Spinnen ebenso wie bei Flugangst.

(Weitere Hinweise und Übungen finden Sie in dem Kapitel 11 *Wie werde ich mutig?*)

Ängste aus der Vergangenheit

Wir speichern alte Ängste (wie auch alte Verletzungen, Enttäuschungen etc.), und diese bilden einen guten Nährboden für hinzukommende aktuelle Ängste. Angstpatienten und traumatisierte Menschen sammeln ihre alten Ängste im besonderen Maße. Selten nehmen wir uns die Zeit und die emotionale Achtsamkeit, zu realisieren, dass viele angstbesetzte Situationen gut ausgegangen sind. Dabei könnte das tröstliche Gefühl entstehen:»Nun ist ja alles gut, es ist ja nichts Schlimmes passiert.« Hierzu eine Geschichte:

Der Füller

»*Eine Patientin, Frau H., die in ihrer Kindheit misshandelt worden war und in tiefer Angst, besonders vor ihrer cholerischen Mutter, gelebt hatte, erzählte folgende Geschichte:* »*Ich hatte gerade einen Federhalter bekommen, in der Schule hatten wir von Tafel und Griffel auf Papier und Tinte gewechselt.*« (*Daran können Sie schon erkennen, wie alt die Geschichte sein muss.*) »*Ich hatte meine Hausaufgaben gemacht, und die Tintenpatrone war aufgebraucht. Also nahm ich die Ersatzpatrone, steckte die leere in den Griff und die neue in die Halterung. Dann ließ sich der Füller nicht mehr schließen. Ich hatte die leere Patrone falsch herum eingesetzt. Ich versuchte, sie mit der Spitze eines Zirkels herauszuhebeln, da brach das Gewinde ab. Sofort überflutete mich schreckliche Angst: Das würde Schläge geben. Meine Eltern hatten sowieso nicht viel Geld und der Füller war erst ein paar Wochen alt. Da ich gerade allein zu Hause war, hatte meine Angst Zeit, sich ins Unermessliche zu steigern, bis meine Eltern nach Hause kamen.*«

Während Frau H. diese Geschichte erzählt, zittert ihre Stimme, und Tränen laufen ihr über das Gesicht. Sie fühlt sich wieder wie das kleine Mädchen von damals, ist voll identifiziert – und hat während ihrer Erzählung die vierzig Jahre, die seitdem vergangen sind, aus den Augen und aus dem Gefühl verloren. Das war unser Thema für die nächsten Sitzungen, nämlich der Patientin in Erinnerung zu rufen, dass sie nicht mehr das kleine Mädchen von damals ist. Dazwischen liegen viele Jahre zum Teil erfolgreiches und glückliches Leben, viele gelöste Konflikte und überwundene Probleme.

Tief ausatmend und mit Erleichterung nimmt Frau H. diese neue Erkenntnis in sich auf. Ich erkläre ihr noch, dass das Hervorholen alter Ängste und vor allem das erneute Durchleben schädlich ist. Unser Gehirn produziert aufgrund dieser alten Bilder Gefühle, als sei die Situation heutige Realität. Genau das meint der Satz, der ein Ergebnis der Neuropsychologie ist: »Die Gedanken bestimmen die Gefühle.« Natürlich funktioniert dieser Prozess auch andersherum – aber das hat die Psychologie schon immer gewusst.

Nach dieser kurzen Psycho-Edukation schlage ich Frau H. folgende Übung vor: Ich lasse sie die ganze Geschichte noch einmal erzählen, aber aus großer Distanz. Dazu kann sie entweder von dem Kind von damals erzählen oder sich ganz aus der Geschichte herausnehmen, indem sie sie erzählt, als sei sie einem anderen Menschen passiert.

Aus der Traumatherapie kennen wir noch eine wirksame Variante:

Übung: Ein neuer Film

Wenn wir in Gedanken vergangene Geschichten wiederholen, sind sie genau das: vergangen. Sie existieren nur noch in unserem Kopf, sind Filme oder Theaterstücke, die wir immer wieder anschauen. Da das Geschehen aber nur noch in unserem Kopf ist, sind wir nun auch die Drehbuchschreiber und Regisseure. Schreiben Sie das Ende um! Wenn Sie als Kind in einer bedrohlichen Situation waren, lassen Sie in Ihrem Film zum Beispiel sich selbst, eine Erwachsene Ihres Vertrauens, Superman oder einen Schutzengel eingreifen, um für ein gutes Ende zu sorgen, um Sie zu retten. Kommt Ihnen das merkwürdig vor? Regen sich Widerstände im Sinne von: Soll ich mir einfach etwas ausdenken? Fühle ich mich dann wirklich besser? Leugne ich nicht damit, wie schlimm das Erlebte war? Die Antworten auf diese Fragen sind Ja, Ja und Nein. Denken Sie sich etwas aus, wissend, dass es *damals* anders war. Wenn Sie das einige Male getan haben, wird

Ihr altes Gefühl sich tatsächlich beruhigen. Und Sie leugnen nichts, Sie verinnerlichen lediglich: Es ist vorbei, ich bin jetzt erwachsen und kann dafür sorgen, dass mir so etwas nie wieder passiert.

»*Zurück zu der Geschichte mit dem Füller. Ich weiß nicht, wie oft Frau H. ihre kleine Kindheitsgeschichte erzählt hat. Ich sah vor mir eine attraktive, erfolgreiche Frau, die mich wegen eines Problems mit ihrer alt werdenden Mutter aufgesucht hatte – und die nun in Tränen aufgelöst war. Dabei war die Geschichte doch zu Ende. Und sie musste gut zu Ende gegangen sein. Ich fragte also danach. Und wie war es weitergegangen? »Ich habe lange geweint und gezittert. Irgendwann habe ich mich beruhigt. Die Angst hatte ein bisschen nachgelassen, als ich meine Eltern nach Hause kommen hörte. Sie lachten, offensichtlich hatten sie etwas getrunken, waren aber nicht betrunken. Sofort zeigte ich ihnen wortlos den zerbrochenen Füller. Meine Mutter sah ihn an, dann mich – mit ihrem mir vertrauten wuterfüllten Blick. Dann zuckte sie die Schultern und sagte: ›Da werden wir wohl einen neuen kaufen müssen. Weißt du, was das wieder kostet?!‹ Und das war alles!«*
Ich fragte Frau H., ob sie sich erleichtert gefühlt habe. Daran konnte sie sich nicht erinnern, vielleicht war sie auch einfach nur zu erschöpft gewesen. Jedenfalls hatte sie das Ende nicht abgespeichert, sondern nur die Angst.

Leider passiert uns das oft. Das hat damit zu tun, dass einige Upgrades in unserem Gehirn fehlen. In seinen archaischen Innenstrukturen scheint es ihm immer noch wichtiger, sich das Negative, Bedrohliche zu merken als etwas Erfreuliches. Es hat noch nicht verstanden, dass es keine Säbelzahntiger mehr gibt.

Deshalb ist folgende Übung von großer Wichtigkeit, besonders wenn es um massive Verletzungen und beängstigende Situationen geht, und sie spielt deshalb auch eine große Rolle in der Traumatherapie. Irgendwann war das schreckliche Erlebnis zu Ende!

> **Übung: Das gute Ende**
>
> Diese Übung lässt sich immer wieder anwenden, wenn wir uns an eine Situation mit Angst, Ärger, Schrecken oder anderen unangenehmen Gefühlen erinnern. Während wir uns erinnern, liegt das Ereignis hinter uns. Es ist vergangen! Ganz gleich, wie schrecklich es war, eine Misshandlung, ein Unfall oder gar ein Missbrauch. Es ist vorbei. Wir sind lebend daraus hervorgegangen. Wie? Erinnern Sie das Ende ganz detailliert: Ab welchem Zeitpunkt hatten Sie das Gefühl, dass es *vorbei* ist? Was hatte sich verändert, wie hat sich Ihr Gefühl beruhigen können? Wie sind Sie wieder *zu sich gekommen*?
>
> Im zweiten Teil der Übung sehen Sie sich im Jetzt, Ihrem heutigen Alter, Ihrer heutigen Umgebung. Sehen Sie wie durch ein umgekehrtes Fernrohr in die Situation Ihrer Vergangenheit. Wie lange ist das her! Und wie viel ist inzwischen geschehen. Lassen Sie das Ereignis weiter in die Ferne rücken, bis es nur noch ein winziger Punkt am Horizont Ihres Lebens ist.

Trigger

Dieser Abschnitt beschäftigt sich mit dem Zusammenspiel vom Aktuellen mit Ängsten aus der Vergangenheit. Zur Einleitung eine Fallvignette:

Die Patientin S. litt an rezidivierenden Depressionen, an vielen Unsicherheiten, die sie selbst Ängste nannte, und an einer ausgeprägten Hypochondrie. Wir arbeiteten sehr lange zusammen, sie konnte sich stabilisieren, ihre Berufstätigkeit wieder aufnehmen, sich auf eine Beziehung einlassen. Kurz vor Ende der Therapie heiratete sie. Ich war sehr stolz auf unsere Arbeit. Zwei Jahre später erschien sie wieder. Sie war schwanger – und damit hatte sich eine neue, heftige Angst eingestellt. Es war die Zeit, als *Klangorgeln* sehr in Mode waren, in vielen Gärten, auf Terrassen oder Balkons klingelten Glockenspiele aus Ton, Metall oder Holz. Bei dem Geläut fühlte sich Frau S. plötzlich panisch, ja, sie beschrieb sogar Todesängste. Sie konnte sich ihre heftigen Gefühle nicht erklären, und auch ich, die ich sie schon lange kannte und eine ausführliche Anamnese gemacht hatte, fand keinen Grund. So arbeiteten wir zuerst mit der sehr wirksamen Methode aus der Verhaltenstherapie, der Desensibilisierung, an dem Problem. Frau S. hatte vorher schon einige Nachbarn gebeten, die Glockenspiele abzuhängen. Auch das war eine gute Übung für sie. Hier ging es darum, ihre Angst ernst zu nehmen, einen erträglichen Zustand herzustellen und dann weiter daran zu arbeiten, dass die Angst sich beruhigen konnte. Langsam ließ die Panik nach. Trotzdem lief der Patientin immer noch eine Gänsehaut über den Rücken, wenn sie aus der Ferne solche Töne hörte. Interessanterweise kamen ihr die Töne nun bekannt vor. Nach einer Weile erkannte sie: Sie musste solche Glockenspiele gehört haben, wenn sie als Baby im riesigen Obstgarten ihrer Eltern in ihrem Körbchen lag. Die Klänge sollten dazu dienen, Kirschräuber zu vertreiben. Allerdings waren sie für Frau S. noch mit etwas anderem verbunden, nämlich mit dem Gefühl tiefster Verlassenheit. Oft hatte sie in ihrem Körbchen gelegen und geweint, aber ihre schwerhörige Mutter hatte sie nicht gehört. Sie war immer erst zu bestimmten Zeiten gekommen, wenn eine Versorgung des Babys nach der Uhr angesagt war.

In diesem Fall gibt es zwei Trigger, nämlich den Klang der Glocken – und die fortgeschrittene Schwangerschaft der Patientin, die bei dem Gedanken an ihr hilfloses kleines Baby ihre Angst wieder spürte.

Kennen Sie das oben beschriebene Phänomen? Das Wort wird heute sehr inflationär und mit manchmal veränderter Bedeutung verwendet, wie etwa auch die Wörter *Trauma* oder *Opfer*. Ein Trigger ist einfach ein Auslöser. Er selbst ist harmlos, das, was er auslöst, weniger. Deshalb ist es manchmal schwer, ihn zu identifizieren – nicht alle Trigger sind so laut wie die in der Fallgeschichte beschriebenen Glöckchen. Auch das Ausgelöste ist nicht immer so dramatisch wie die Ängste von Frau S. Manchmal bleibt es bei einem diffusen, aber deutlichen Unbehagen. Unsere Kohärenz ist gestört. Das Gefühl der Kohärenz ist das Gefühl des inneren Gleichgewichtes, das sich immer wieder herstellt, wenn wir Probleme gelöst haben.

Trauma und Angst

Oft rufen mich Menschen an, die eine Traumatherapie suchen. Ich frage dann zuerst, wann das Trauma geschehen sei. Das hat den Grund, dass sich aktuelle Traumata wie ein vor kurzer Zeit geschehener Unfall oder ein körperlicher Übergriff sehr gut zeitnah behandeln lassen, wenn sie einen psychisch weitgehend gesunden Menschen treffen. Eigentlich verhindern wir mit dieser Behandlung die posttraumatische Belastungsstörung. Wir können hier von einer akuten Belastungsreaktion sprechen, auch, wenn es sich um ein wirklich traumatisches Erlebnis handelt.

Bei lange zurückliegenden Traumata ist die Behandlung weniger einfach, da sich die Patientin zwischen dem Ereignis und der Therapie weiterentwickelt hat und nicht mehr alle psychischen Probleme auf das Trauma zurückzuführen sind. Das Bild, dass ich dafür habe und weitergebe, ist folgendes: Ein Trauma ist wie eine umgestürzte Kerze, die ein Haus in Brand gesetzt hat. Wenn das Haus brennt, reicht es nicht, die Kerze auszupusten – das Feuer im ganzen Haus muss gelöscht werden. Diese Patientin braucht also eine *normale* Therapie, die auch Traumatherapie-Elemente enthalten kann. Immer aber, bevor mit einer Behandlung des eigentlichen Traumas begonnen wird, ist es wichtig, die Patientin zu stabilisieren sowohl psychisch als auch in ihren Lebensumständen.

Manche Menschen, die eine Traumatherapie suchen, sind gar nicht im engeren Sinne traumatisiert. Nicht jedes belastende Ereignis, einschließlich einer unglücklichen Kindheit, ist ein Trauma. Für erwachsene Patienten mit einer schwierigen, schmerzhaften Geschichte gilt eher das Bild von der brennenden Kerze, die zu löschen nicht ausreicht. Selbstverständlich dürfen wir nicht vergessen, dass eine erlebte und verdrängte Traumaerfahrung psychische Erkrankungen wie Sucht, Angst oder Depressionen auslösen kann. Ein unbehandeltes echtes Trauma kann auf Dauer zu Persönlichkeitsveränderungen führen.

Trauma erkennen

Wie erkennen Sie denn nun, ob Sie traumatisiert sind, also Ihre Ängste in einem Trauma wurzeln? Zuerst müssen das zugrunde liegende Ereignis oder die Ereignisse von außergewöhnlicher Bedrohung gewesen sein. Dazu gehören in der klassischen Definition, die immer weiter aufweicht, Naturkatastrophen ebenso wie fortgesetzter Missbrauch und rituelle Gewalt. Die Frage, was ist ein Trauma, ist also nicht einfach zu beantworten, da es schon individuell sehr unterschiedlich sein kann, was als ein wirklich katastrophales Ereignis empfunden wird. Eine verantwortungsbewusste Kollegin wird Ihnen sicher ein oder zwei Tests anbieten, bevor sie sich zu dieser Diagnose entschließt. Die Kriterien, die das ICD-10 (die internationale Klassifikation von Krankheiten) anbietet, sind eher vage. Zu den aufgezählten Erkennungsmerkmalen gehört es zum Beispiel, dass sich jemand an wichtige Momente des Erlebnisses *nicht* erinnert. Andere Symptome sind deutlicher wahrzunehmen: Schlafstörungen, Schreckhaftigkeit, hohe Aufmerksamkeit mit einem bestimmten Kontrollbedürfnis, Konzentrationsschwierigkeiten, Reizbarkeit bis hin zu Wutausbrüchen. Eindeutigere Symptome sind Flashbacks. Damit werden erneute Erinnerungen und Gefühle bezeichnet, die in Träumen auftauchen oder durch – meist unwichtige, kleine – Bilder, Erlebnisse, Gerüche oder andere Eindrücke hervorgerufen werden. Diese Auslöser nennen wir Trigger. Mit solchen Triggern haben es Traumapatienten häufig zu tun. Dann reagieren sie auf eine scheinbar unangemessen heftige Weise, die für ihre Umgebung oft unverständlich ist. Leiden Sie unter zwei oder mehreren dieser Symptome, ist das ein guter Grund, einen Psychiater oder Psychotherapeuten aufzusuchen, um sich einem Test zu unterziehen – und ggf. einer heilsamen Psychotherapie. Ähnliche Symptome treten auch manchmal bei nicht traumatisierten Menschen, auf, wenn bei ihnen der sogenannte wunde Punkt getroffen wird. Deshalb seien Sie froh, nicht traumatisiert zu sein, auch wenn Sie viel Schweres erlebt haben.

Übung im aktuellen Panikanfall nach einem Trigger

Sollten Sie zu den Menschen gehören, die leicht zu triggern sind, dann gelten für Sie besonders folgende Vorschläge:

1. Konzentrieren Sie sich auf Ihre Atmung. Das gelingt besonders sicher, wenn Sie es in angstfreien Situationen regelmäßig üben. Sie atmen einfach aus und ein. In Ihrer beruhigten Atmung erkennen Sie: »Ich bin sicher in meinem Körper – ich bin sicher!«
2. Wenn eben möglich, trinken Sie ein mittelgroßes Glas Wasser in ruhigen Schlucken (die Sie dabei zählen können).
3. Machen Sie eine Blitzrealitätsprüfung: Wie heißen Sie? Wie alt sind Sie? Welches Datum haben wir? An welchem Ort sind Sie gerade? Die Antworten auf diese einfachen Fragen machen Ihnen klar, dass Ihnen keinerlei Gefahr droht.
4. Auf keinen Fall suchen Sie in der akuten Situation nach dem Auslöser oder gar der Ursache!
5. Benutzen Sie eine der Notfallübungen.
6. Bitten Sie jemanden um Hilfe.

Übung: Triggertabelle

Diese Übung sollte erst durchgeführt werden, wenn Sie (wieder) vollkommen ruhig sind. Halten Sie sich dabei in einer Umgebung auf, in der Sie sich sicher fühlen, in der vielleicht auch noch eine zweite Person anwesend ist. Dann erst rufen Sie sich Ihren Anfall in Erinnerung. Diese Übung hilft Ihnen, sich zu verdeutlichen, wo Ihre wunden Punkte (Trigger) sind. Sie können sich entscheiden, ob Sie die entsprechenden Situationen vermeiden wollen, wenn Sie sich dadurch nicht zu sehr einschränken. Die andere Möglichkeit ist, sich intensiv auf die möglicherweise angstbesetzte Situation vorzubereiten. Nutzen Sie dazu die Übung *Aktive Situationsvorbereitung*.

Achtung: Gehen Sie nicht auf Inhalte ein, sonst lösen Sie vielleicht selbst einen neuen Panikanfall aus. Am besten arbeiten Sie mit einer Tabelle, die etwa so aussehen kann: In den Spalten notieren Sie von links nach rechts:

1. Datum und Uhrzeit
2. Ort
3. Konkrete Situation in drei Stichworten
4. Stärke der Angst auf einer Skala von eins bis zehn
5. Benutzte Übung
6. Dauer der Angst
7. Wie war das Gefühl am Ende?
8. Wie stark auf einer Skala von eins bis zehn ist die Angst nun?
9. Was könnte der Trigger gewesen sein?

In der Spalte 7 könnte z. B. stehen: Erschöpfung, Erleichterung, Freude (eben das *gute Ende*). Wenn Sie nun wieder ganz ruhig sind, können Sie in die allerletzte, die 9. Spalte, einen Verdacht schreiben, was wohl der Trigger war. Dazu können Sie sich noch einmal die Spalten eins bis drei ansehen.

Ererbte Ängste

In Familien sind oft Rollen festgelegt: der Kluge, die Schöne, die Mutige, der Ängstliche. In bestimmten Situationen, zum Beispiel in Abwesenheit eines Mitspielers, können diese Rollen wechseln. Eine bekannte und gut untersuchte Form solcher fluktuierenden Rollen ist die Dreiheit von Täter, Opfer und Retter. Beispiel: Vater (Täter) schimpft mit Sohn (Opfer), Mutter (Retter) verteidigt das Kind. Als Täter kann sich natürlich auch ein Kind fühlen, wenn die Eltern immer *seinetwegen* streiten. Manchmal sind solche Rollen in Familien auch fixiert. Dann spielen diese Zuordnungen noch lange nach Auflösung der entsprechenden Familiensituation eine Rolle, da sie sich als neurotische Dispositionen eignen. Hier können Schuldkomplexe, Minderwertigkeitsgefühle (Täter), Depressionen und Ängste (Opfer) oder Selbstüberforderungen, Rigidität (Retter) entstehen.

Unter den *ererbten* Ängsten verstehe ich keine genetisch angelegten Ängste, sondern solche, die durch nahe Bezugspersonen in der Kindheit übermittelt werden. Das kann unbewusst geschehen, zum Beispiel durch traumatisierte Eltern. Häufiger sind solche Ängste erlernt. Die Kinder fürchten sich vor dem, vor dem sich die Mütter fürchten, und meiden entsprechende angstauslösende Situationen. Das tun sie, weil sie der Mutter vertrauen. Sie tun es aber auch, um die Mutter zu schonen. Wenn sie täten, wovor die Mutter Angst hat, würde diese noch mehr Angst bekommen, und das Kind würde sich daran schuldig fühlen.

Nun folgt wieder eine biografische Übung. Das bedeutet, sie ist nicht geeignet zum Umgang mit akuten Ängsten, sondern sie dient dem Verständnis der Hintergründe (Psychogenese) Ihrer individuellen Ängste.

> **Übung: Rollenspiel der Ängste**
>
> Beantworten Sie langsam und in einer ruhigen, angstfreien Situation folgende Fragen, und zwar für jedes der Mitglieder Ihrer Herkunftsfamilie. Wenn Sie mögen, können Sie auch Großeltern, Onkel und Tanten mit berücksichtigen oder diese als erweiterten Familienkreis in eine Wiederholung der Übung einbeziehen. Natürlich sind diese Antworten völlig subjektiv. Das ist gewollt, und schließlich stehen weder Sie noch Ihre Familie vor Gericht, sondern Sie suchen nach Wirkungsursachen und -zusammenhängen.
> 1. Hatte er/sie Ängste?
> 2. Woran haben Sie es bemerkt?
> 3. Welche Reaktionen gab es darauf?
> 4. Gab es eine besonders ängstliche Person? (Eine solche Person könnte ein Symptomträger sein, also auch die Ängste anderer Familienmitglieder tragen, die diese nicht spüren, also verdrängt oder abgespalten haben.)
> 5. Können Sie einen allgemeinen Umgang mit Ängsten in der Familie beschreiben? Wurde eher verständnisvoll, unterstützend, behütend, ironisch, ärgerlich, verächtlich ... damit umgegangen?
>
> Nehmen Sie sich für diese Übung Zeit, sie kann unmöglich an einem Tag bewältigt werden. Ziel ist es, dass Sie am Ende mehr Verständnis für sich

selbst haben. Sie können folgende Merksätze verinnerlichen, die auch für andere psychischen Probleme gelten:

> **Sätze für erwachsene Menschen und solche, die es werden wollen**
> Ich bin ein eher ängstlicher Mensch, aber das muss nicht so bleiben.
> Ich habe Gründe, warum ich so geworden bin.
> Nun bin ich erwachsen und kann einiges verändern.
> Vieles, vor dem ich mich als Kind gefürchtet habe, bedroht mich jetzt nicht mehr, und ich kann es bewältigen.
> Ich bin jetzt für mich und meine Gefühle verantwortlich.

Vielleicht kommen Sie zu der Erkenntnis, dass es gar nicht Ihre eigene Angst ist, die Sie belastet, sondern zum Beispiel die Angst des Vaters, seine Arbeit (Existenz) zu verlieren, die Angst der Großmutter vor allem Unbekannten. Und dann trennen Sie sich von Ihrer Angst. Dazu gibt es eine Übung im Kapitel *Gefühlsregulation*. Folgende Übung hilft, auf diesen Weg zu kommen:

> **Übung: Vertrag kündigen**
> Sollten Sie feststellen können, dass eine Angst einer bestimmten Person oder Situation zuzuordnen ist: herzlichen Glückwunsch! Sie haben einen uralten Vertrag entdeckt, den Sie schleunigst kündigen sollten. Ihre Mutter war übervorsichtig und sagte oft: »Pass auf, du tust dir gleich weh!« Dann ist Ihr innerer Vertrag mit der Mutter vielleicht folgender:
> §1 Ich mache der Mutter keine Sorgen.
> §2 Ich werde immer vorsichtig sein und
> §3 bleibe damit immer unter meinen Möglichkeiten.
> §4 Die Sorge der Mutter ist wichtiger als meine Lust auf Entwicklung/Entdeckungen oder Ähnliches.
> Schreiben Sie einen solchen Vertrag auf, mit so vielen Paragrafen wie möglich. Da steht jetzt viel, das Sie behindert hat, Ihr Leben nach eigenen Bedürfnissen und Wünschen zu leben. Dann kündigen Sie! Schriftlich! Jeder Vertrag kann gekündigt werden.

Wahrscheinlich werden Sie am Anfang ein mulmiges Gefühl haben, ebenso wie bei der Übung *Orte wechseln, Ängste verlassen*. Das ist leicht zu erklären: Lange waren wir an diesen Vertrag gebunden und an die Person, mit der wir ihn gemacht haben. Nehmen Sie dieses vorübergehende Gefühl in Kauf und freuen sich an Ihrer neuen Freiheit!

Sie haben nun entschieden, den Vertrag zu kündigen, der Sie verpflichtete, sich um die Ängste anderer zu kümmern und/oder selbst Angst zu haben. Die anschließende Übung kann Ihre Entscheidung weiter stabilisieren.

> **Übung: Ort wechseln, Ängste verlassen**
>
> Diese Übung können Sie für sich allein machen oder, viel besser, mit einer Freundin zusammen.
>
> Legen Sie dazu im Raum zwei Plätze fest, die sich mindestens im Abstand von drei Metern befinden. Schmücken Sie die unterschiedlichen Orte so aus, dass es deutlich wird, was gemeint ist. Platz eins ist der Platz der Angst. Dort sitzen die Situation oder die Person, die Sie festhalten, Ihre Loyalität fordern. Dieser Platz sollte nicht allzu gemütlich gestaltet sein. Platz zwei ist der Platz, den Sie anstreben. Er ist mit ein paar Dingen ausgestattet, die Sie sehr mögen.
>
> Sitzen Sie nun auf Platz eins, spüren Sie, was Sie hält. Dann erheben Sie sich und wechseln die Plätze. Spüren Sie dabei den Sog und Ihre Scheu, Ihren Widerstand, diesen Platz zu verlassen. Aber Sie tun es! Setzen Sie sich nun auf Platz zwei, genießen Sie, was Sie dorthin gezogen hat. Verabschieden Sie sich von Platz eins mit Worten wie: »Ich komme nicht wieder zurück.« Schön ist es, wenn Sie anschließend mit jemand über den Prozess des Ortswechsels reden können. Sonst schreiben Sie auf jeden Fall auf, was Sie erlebt haben.

Zukunftsängste

Wir halten Ungewissheiten nicht gut aus. Wir brauchen die Kontrolle über unser Leben – und das Gefühl, dass alles in Ordnung ist. Dieses Gefühl nennen wir Kohärenz. Es besagt einfach, alles ist überschaubar und zu bewältigen, keine Gefahr, gleich welcher Art, keine Störung droht. Unser Kohärenzgefühl ist leicht störbar: Ein erwarteter Anruf geschieht nicht, wir kommen zu spät zu einem Termin, auf dem Konto sind einige Euro weniger als erwartet. Solche kleinen Widrigkeiten lösen leichtes bis mittleres Unbehagen aus und manchmal auch Ängste aller Art.

Mit Zukunftsängsten sind alle negativen Gedanken und Gefühle gemeint, die sich auf die mittel- oder weit entfernte Zukunft beziehen. Diese Ängste sind vorerst *nur* imaginär, so imaginär wie die Krankheiten eines Hypochonders. Das bedeutet, im Augenblick ihrer Präsenz gibt es kein Anzeichen dafür, dass das Befürchtete eintritt. Zukunftsängste können vollkommen irrational sein. (Fast) alles, was wir uns vorstellen können, *könnte* auch eintreten, fast alle Krankheiten, die sich ein hypochondrischer Mensch vorstellen kann, könnte er auch bekommen, nur jetzt gerade nicht, und morgen wahrscheinlich auch nicht! Nun kann es auch bei manchen Zukunftsängsten eine Vorbereitung geben. Gegen manche Krankheiten kann man sich impfen lassen, einige lassen sich durch eine gesunde Lebensweise vermeiden. Eine Krankenversicherung ist ebenso angemessen wie andere Vorsorgemaßnahmen, zum Beispiel ein bisschen Erspartes für den Notfall.

Damit sind wir allerdings schon fast am Ende unserer rationalen Möglichkeiten. Sicher werden wir alt – und was ist dann? Wir wissen es einfach nicht. Oder wir verlieren unsere Arbeit, materiell können wir vielleicht einiges abfangen, wir leben schließlich in einem Staat, der viele Sicherheiten bietet. Und trotzdem würde sich unsere Lebenssituation völlig verändern… Ich möchte Ihnen ungern alle Möglichkeiten aufzählen, sich zu fürchten.

Es gibt verschiedene Arten von Zukunftsängsten, sie betreffen Ihre persönliche Zukunft und die Ihrer Familie und vielleicht noch die Ihrer Freunde. Und es gibt, sich immer weiter verstärkend, globale Zukunftsängste. Sie entstehen aus dem Wissen um (negative, ja zerstörerische) Bedingungen, auf die wir als Einzelne kaum Einfluss haben. Diese Ängste lassen sich auf zweierlei Weise beruhigen: Erstens seien Sie *nicht* zu sehr informiert. Und zweitens: Tun Sie, was Sie tun können, allein, mit Ihren Kindern, Freunden, Kollegen zusammen. Sie erinnern sich an die Mutter des kleinen Lords von Frances Hodgson Burnett? Sie hat gesagt: »Jeder Mensch sollte mit seinem Leben die Welt ein kleines bisschen besser machen.« Das beinhaltet auch die Aufgabe, negative Entwicklungen ein *kleines bisschen* zu verzögern. Das tut Ihnen und der Umwelt gut – und es lindert Ihre Angst, weil Sie sich weniger hilflos fühlen. So ist die nächste Übung ganz logisch:

> **Übung: Was kann ich für (m)eine bessere Zukunft tun?**
> Die Antworten auf die Frage sind natürlich sehr von Ihren subjektiven Lebensumständen abhängig. Aber je mehr Sie nachdenken, sich umhören und Pläne machen, umso mehr Freude wächst in Ihnen dabei. Und Freude ist, wie Sie sicher wissen, neben der Dankbarkeit ein gutes Heilmittel gegen die Angst.
> Erstellen Sie eine Liste Ihrer Möglichkeiten, hier einige Vorschläge:
> - Mehr mit öffentlichen Verkehrsmitteln oder dem Fahrrad fahren
> - Einheimische Produkte kaufen
> - Weniger Fleisch essen
> - Verpackungen vermeiden
> - Joghurt selbst machen (geht ganz leicht, ich habe es gerade entdeckt)
> - Ausreichend Vorsorge
> - Gute Life-Work-Balance
> - Leidenschaftlichen Interessen folgen (das ist die Steigerung von Hobby)
> - Liebevolle Beziehungen pflegen

Sinnfragen und Ängste

Kinder machen sich keine Gedanken über den Sinn des Lebens. Für sie ist das Leben selbst der Sinn. Je älter Menschen werden, umso stärker werden Zweifel, Fragen und Ängste. Es gibt noch viele unerfüllte Wünsche, viele Versäumnisse. Der Alltag mit seinen vielen, oft lästigen Kleinigkeiten nimmt einen großen Raum ein. Was ist, wenn ich alt sein werde? Werde ich mit Zufriedenheit oder mit Bedauern auf mein Leben zurückschauen können? Und wenn ich beides empfinden werde, was wird überwiegen? Hatte ich den richtigen Beruf? Habe ich meine Möglichkeiten genutzt? Diese Fragen stellen sich oft schon in den mittleren Jahren, und das ist gut so. Hier gibt es noch die Möglichkeit, den Kurs zu ändern. Die Frage nach dem Sinn kann sehr drängend werden. Ich meine das nicht (nur) als philosophische Fragestellung, sondern als eine intime, ganz persönliche. Gern zitiere ich den Dalai Lama, der gesagt haben soll, der Sinn des Lebens sei es, glücklich zu sein. Aber das ist keine Antwort, sondern schon die nächste Frage: Was macht mich glücklich? Und das, was mich wirklich zutiefst beglückt, beinhaltet wichtige Hinweise auf den Sinn meines Lebens. Es ist wichtig, diesem Sinn auf die Spur zu kommen. Haben wir diese Spur gefunden, werden Ängste ganz klein.

Manchmal macht das Leben Angst

»Auch wenn ich wüsste, dass morgen die Welt untergeht, würde ich heute noch einen Apfelbaum pflanzen.«
angeblich nicht von Martin Luther

Neulich saß ich in der Straßenbahn zwei jungen Mädchen gegenüber, höchstens vierzehn Jahre alt, eher jünger. Sie erklärten einander unterschiedliche Funktionen auf ihren Smartphones, von denen ich noch nie gehört hatte. Trotz intensiven – ich hoffe, nicht zu auffälligen –

Lauschens habe ich nicht verstanden, um was es sich handelte. Gerade im Zusammenhang mit den neuen Informationstechniken passiert mir das immer öfter. Lange habe ich auch nicht glauben können, wie viel Missbrauch mit dieser Technik geschehen kann, wie viel Informationen über mich gesammelt werden. Nach dem NSA-Skandal habe ich tatsächlich das Kameraobjektiv meines Notebooks zugeklebt. Wir leben in einer Welt, die sich rasend schnell verändert. Das kann sich bedrohlich anfühlen, weil wir vieles nicht mehr oder nur mit Mühe verstehen, weil beängstigende Parteien sich in die Regierung hereingearbeitet haben, oder auch, weil »die Menschen das tröstliche Vertrauen in die guten Absichten ihrer Institutionen verloren« haben, wie Steven Pinker (S. 363) sich ausdrückt. Obwohl unser Leben immer sicherer wird, werden wir immer ängstlicher. Unser zunehmendes Wissen um unsere globale Verantwortung macht uns das Leben nicht leichter. Auch hier kann sich eine Angst entwickeln, die nicht unserer Biografie entspringt. Natürlich spielt es eine Rolle, wie stabil wir psychisch grundsätzlich sind, ob wir dem Leben allgemein mutig und positiv oder eher ängstlich gegenüberstehen. Doch auch eine stabile Persönlichkeit kann sich der Sorge, der Verantwortung und den Ängsten, zum Beispiel um das Klima, nicht entziehen.

Dazu noch einmal Pinker: »Wie bei allen Herausforderungen stöbern wir nach der richtigen Mischung aus altbewährten und neuartigen Praktiken, wie menschlichem Kontakt, Kunst, Meditation, kognitiver Verhaltenstherapie, Achtsamkeit, kleinen Freuden, vernünftigem Gebrauch von Arzneimitteln, neubelebten Dienstleistungs- und Sozialorganisationen so wie Ratschlägen von klugen Leuten, wie man ein Leben im Gleichgewicht führt.« (S. 365) Pinker ist Professor für Psychologie an der Harvard University.

Wie schaffen wir aber einen Ausgleich? Zuerst einmal ist es wichtig und außerordentlich wirkungsvoll, auf aktuelle Nachrichten zu verzichten! Klingt das merkwürdig? Nach einer Vogel-Strauß-Politik? Ja und? Probieren Sie es doch einfach aus. Es ist nicht so leicht, weil es fast eine Sucht ist, immer wieder *News* zu lesen. Außerdem gibt es einen gesellschaftlichen Anspruch, allzeit informiert zu sein. Aber welche aktuelle Information hat Ihnen jemals wirklich geholfen? Dabei meine ich nicht die Informationen, die Sie zusammensuchen, bevor Sie sich für ein Produkt entscheiden. Das ist ein anderes Thema. Ich meine Folgendes: Wir reagieren auf Nachrichten mit Gefühlen, diese sind bekanntlich deutlich schneller als die Gedanken. Aus diesen Gefühlen (Beunruhigungen, Ängste) entwickeln sich dann erst Gedanken und unser Weltbild. Selten hören wir Nachrichten, die uns fröhlich stimmen. Also entwickelt sich aus dem Übermaß an Nachrichtenkonsum ein Übermaß an negativen Gedanken. *Schlechte* Nachrichten sind Gift für unser Gehirn – und damit für unseren ganzen Körper. Das limbische System signalisiert dauernde Gefahren. Unser Blutdruck erhöht sich, Stresshormone werden ausgeschüttet, unser Immunsystem geschwächt. Wir werden nervös und verlieren ein Stück unserer Lebensfreude.

Weitere Argumente: Nachrichten vermitteln ein falsches Weltbild, sie verhindern, dass wir Zusammenhänge verstehen, weil sie winzige Details isoliert darstellen. Lesen wir also lieber Bücher oder fundierte Hintergrundanalysen. Das mildert die Angst, weil es zu echtem Wissen führt – und damit zur Erleichterung.

Wie aber kann es funktionieren, in all diesen Ängsten, die unser Leben in der Gegenwart so mit sich bringt, einen Ausgleich zu schaffen? Es bedeutet sicher nicht dasselbe wie das landläufige, oft irrige, *sich etwas Gutes tun, sich belohnen* zu müssen. Das führt meist zu Konsum, ist teuer, erfüllt selten seinen Zweck und kann sogar kontraproduktiv sein, wenn wir zum Beispiel an unseren Umgang mit Ressourcen der Erde denken. Abgesehen davon kennen wir alle das Gefühl, dass das Neugekaufte schon bald eine Enttäuschung ist. Deshalb können Sie mit der Übung auf Seite 72 den Vorschlag von Professor Pinker für Ihre eigene Situation umsetzen.

Viktor Frankl und die Frage nach dem Sinn

»Und das soll dann alles gewesen sein?«

Zu allen Zeiten haben sich Menschen um den Sinn des Lebens im Allgemeinen und den Sinn ihres eigenen, individuellen Lebens im Besonderen Gedanken gemacht. Wenn wir nach dem Unterschied zwischen Tieren und Menschen suchen, steht dieser Aspekt sicherlich ziemlich weit oben auf der Liste. Was ist der Sinn des Lebens? Es gibt viele Antworten darauf, im Internet finden Sie Tausende von Zitaten dazu. Gut gefallen hat mir folgendes Bonmot: »Der Sinn des Lebens ist ein Leben mit Sinn« von Robert Burns (schottischer Dichter, 1759–1796). Das bekannteste Gedicht von ihm ist Auld lang syne. Sie werden es als Lied kennen, auch wenn Sie den Namen Burns nie gehört haben. Aber zurück zum Sinn des Lebens. Der Aphorismus Burns ist so wahr und gleichzeitig absurd wie die Aussage, der Sinn des Lebens sei es, glücklich zu sein. Denn: Wie wird man glücklich? Indem man ein sinnvolles Leben führt.

Damit kommen wir zu Viktor Frankl. Man könnte ihn geradezu als Psychologen des Sinns bezeichnen. Während bei Freud die Frage nach dem Sinn des Lebens eher ein Symptom ist, da es diesen Sinn ja nicht gäbe, ist Frankls Meinung nach die Suche nach dem Sinn die beste Motivation für ein schönes Leben und die Grundlage menschlicher Freiheit. Das Gefühl des fehlenden Sinns ist geradezu eine Quelle für Depressionen und Ängste. Die Frage nach dem Sinn sei eine große menschliche Leistung. Diese Aspekte zu erkennen und miteinander in Beziehung zu setzen, nennt Frankl *Existenzanalyse*. Hintergründe für seine Theorien sind die Psychoanalysen Freuds und Jungs, die Philosophie – und sein eigenes Schicksal als Jude. Frankl überlebte den Aufenthalt in verschiedenen Konzentrationslagern und schrieb darüber das Buch *Trotzdem Ja zum Leben sagen*.

Nach Frankls Anschauung sind etwa 20 % aller Angstneurosen auf den fehlenden Sinn zurückzuführen, also auf eine *existenzielle Leere*.

Dabei solle nicht die Vielfältigkeit der Angstursachen geleugnet werden. Ich bin mit Frankl der Meinung, dass das fehlende Gefühl von Sinn als Ursache psychischer Erkrankung in der modernen Psychotherapie sehr vernachlässigt wird, ja fast gar keine Rolle spielt. Immerhin haben die Ideen von Spiritualität (z. B. als Achtsamkeit und Meditation) Einzug in die Behandlungen genommen. In allen Lebensphasen, in allen Psychotherapien und auch in schwierigen Augenblicken ist die Suche nach dem Sinn hilfreich und kann vor Ängsten und Depressionen schützen. Frankl sagt: »Es gibt keine Lebenssituation, die wirklich sinnlos wäre. Dies ist darauf zurückzuführen, daß die scheinbar negativen Seiten der menschlichen Existenz, insbesondere jene tragische Trias, zu der sich Leid, Schuld und Tod zusammenfügen, auch in etwas Positives, in eine Leistung gestaltet werden können, wenn ihnen nur mit der rechten Haltung und Einstellung begegnet wird.« (Zitiert nach Nathschläger 2012). Oft stellt sich die Antwort auf die Frage nach dem Sinn erst im Nachhinein ein, wenn wir zum Beispiel feststellen, wie wir durch einen überwundenen Kummer gereift, durch eine schmerzliche Trennung freier, nach einer durchgestandenen Angst mutiger geworden sind.

Frankl sieht den Sinn der Angst darin, sie zu überwinden und sich damit stark und lebendig zu fühlen (mehr dazu in dem Kapitel *Wie werde ich mutig*). Ganz nebenbei: Bei der Beobachtung von Kindern können wir den Willen zum Sinn deutlich spüren. Wie oft fragen sie nach dem Warum und den Zusammenhängen, wie wichtig ist es ihnen, die Bedeutung dieser vielen kleinen Zeichen auf dem Papier zu verstehen.

Die Spur führt von Viktor Frankl noch in einen anderen Bereich: Wir wissen oft genug, was wir uns wünschen, was unserem Leben Sinn geben würde. Wir tun es nicht, aus Angst. Aus Angst vor Veränderungen, vor Fehlschlägen und auch vor der Anstrengung. Manchmal haben wir unsere Wünsche verdrängt und vergessen. Sehr gut sind wir auch darin, unsere Wünsche ganz rational zu boykottieren. Wir sagen: »Ja, aber…« Und »Das geht nicht, weil …«

Ich schließe den Exkurs über die Sinnfrage mit einem Zitat von Friedrich Nietzsche aus der *Götterdämmerung*: »Hat man sein warum? des Lebens, so verträgt man sich fast mit jedem wie? – Der Mensch strebt n i c h t nach Glück; nur der Engländer tut das.« – Wobei ich bei dem letzten Satz nicht sicher bin ...

Angst vor Einsamkeit, Alter, Krankheit und Tod

Ich fasse diese Ängste aus gutem Grund zusammen. Sie konfrontieren uns am stärksten mit der Frage nach dem Sinn unseres Lebens. Vor allem machen sie uns deutlich, dass wir nicht die volle Kontrolle über unser Leben haben. Diese Ängste sind nicht der Flugangst ähnlich. Wir wollen kontrollieren, können es aber nicht. So fantasieren wir Gefahren oder überhöhen reale Gefahren. Die Angst, Fehler zu machen, gehört in dieselbe Kategorie. Unsere ängstliche Fantasie suggeriert uns: Wenn wir Fehler machen, werden wir nicht mehr geliebt, die anderen sehen unser wahres Gesicht, sehen, wie klein und hilflos wir sind. Realer sind Befürchtungen wie: ein schlechtes Zeugnis zu bekommen, vielleicht sogar einen Arbeitsplatz zu verlieren, Beziehungen zu verlieren und am Ende allein zu sein. Da wird es wieder irrational und bedarf dringend einer Realitätsprüfung. Was wäre das Schlimmste? Das Ende einer solchen Überprüfung ist immer die Frage: »Und was mache ich dann?« Sie finden Lösungen!

> **Übung: Ausgleich schaffen**
>
> In dieser Übung bleiben Sie bitte bei den Ängsten, die, wie oben im Text beschrieben, nicht persönlicher, sondern überindividueller Natur sind. Machen Sie eine Liste, was sie beunruhigt oder ängstigt – in Ihrer Gemeinde, Ihrem Land, in der Welt. Wahrscheinlich werden Sie bei dieser Auflistung schon das Gefühl dafür entwickeln, warum Sie nicht so viele Nachrichten aufnehmen sollten – viele sind einfach überflüssig, und es reicht, ganz allgemein Bescheid zu wissen. Zu viele Informationen lösen

Gefühle von Angst und Hilflosigkeit aus, können depressiv machen oder, in Abwehr einer solchen depressiven Reaktion, Aggressionen freisetzen. Setzen Sie jeder dieser Ängste oder Befürchtungen etwas von dem entgegen, das Sie in der Übung *Was kann ich für (m)eine bessere Zukunft tun?* aufgelistet haben. Sie können die Welt nicht retten, aber Sie können etwas dazu beitragen. Bitte, ohne sich zu kasteien, die Welt braucht fröhliche Menschen, keine missmutigen Asketen. (In Therapiestunden sage ich nach solchen – eher persönlichen – Äußerungen gern: »Ende der Predigt.«)

Alles hängt zusammen: Je älter wir werden, umso verletzlicher sind wir, umso weniger stabil ist unsere Gesundheit. Unsere Körperkraft lässt nach, unsere Kontrolle über den Körper auch. Wir erleben das Sterben von Verwandten, Freunden oder einfach Menschen, die wir kennen. Wir stellen uns Fragen nach dem, was gewesen ist, nach den unerfüllten Wünschen, nach unseren Fehlern und nach dem Unrecht, das uns angetan worden ist und das niemand *wiedergutgemacht* hat. Außerdem gibt es heute große Anforderungen an alte Menschen, gesund und jung zu bleiben, die auch ängstigen können (s. Rohwetter 2017). Über Ängste im Alter gibt es viele Bücher, es wurden Therapien extra für älter werdende Menschen entwickelt. Besonders empfehlenswert finde ich das Buch von Irvin Yalom *In die Sonne schauen* (2008). Yalom beschreibt die Ängste und Aufgaben, die uns das Leben angesichts unserer Sterblichkeit aufbürdet – und wie diese gleichzeitig den Weg zu einem *Sinn des Lebens* weisen können.

Immer wieder die gleiche Angst

Wir nennen Ängste, die wir immer haben, die sich auf einen kleinen Teilbereich des Lebens beziehen, phobische Ängste oder Phobien. Manchmal sind sie unwichtig, zum Beispiel wird Sie eine Schlangenphobie wenig in Ihrem Leben behindern, wenn Sie sich nicht gerade in den Tropen aufhalten. Andere Phobien können sehr lästig sein. Wenn

Ihr Büro in einer zehnten Etage liegt, ist eine Klaustrophobie (Angst vor engen Räumen wie Fahrstühlen) sehr lästig. Eine Agoraphobie (die Angst vor weiten Räumen) kann sogar lebensbedrohlich werden, wenn Sie Ihr Haus nicht mehr verlassen können. Die gute Nachricht: Phobien sind relativ leicht zu behandeln.

Spinnen, Fahrstühle, Federn

Eine verbreitete Form meist irrationaler Ängste sind die Phobien. Auch die Phobien zählen zu den Angststörungen, diagnostisch befinden sie sich an einem Ende der Skala, an deren anderen Ende die generalisierte Angststörung steht. Eine bestimmte Sache oder eine Situation wird zum Gegenstand der Angst. Und das können viele Objekte sein. Das Internet-Lexikon Wikipedia listet etwa einhundert Formen auf, darunter so exotische beziehungsweise moderne, zeitgemäße Formen wie die Nomophobie, also die Angst, ohne Mobilfunkkontakt zu sein. Es ist schwer, die Ursachen einer bestimmten Phobie zu ermitteln. Manchmal sucht sich einfach irgendeine verdrängte Angst ein Bild, oder es gibt negative Erfahrungen mit dem Objekt der Angst. Meist ist es müßig, nach der Ursache zu suchen. Dies gilt besonders dann, wenn die Phobie Menschen daran hindert, ein normales Leben zu führen, also ihren Alltag zu bewältigen. Dazu gehören die Agoraphobie, also die Angst vor freien Plätzen, Menschenansammlungen und fremden Orten ebenso wie die Angst vor Berufstätigkeit (Ergophobie). Während die letzte Form wahrscheinlich eine komplexere Psychodynamik beinhaltet, können viele Phobien in der Selbstbehandlung geheilt oder wenigstens gemindert werden. Sie brauchen dazu ein bisschen Mut, und Ihr Mantra ist dabei: »Ich bin stärker als meine Angst!«

Leichter wird es mit der Unterstützung eines Menschen, dem Sie vertrauen. Was Sie dann gemeinsam tun, ist eine Expositionstherapie. Das bedeutet, Sie setzen sich der beängstigenden Bedingung gezielt aus, Sie konfrontieren sich damit. Dieser Vorgang sollte ganz behutsam vonstattengehen, also in kleinen Schritten. Ich mache das im Folgenden deutlich am Beispiel der Klaustrophobie, der Angst vor engen Räumen. Diese Form ist weit verbreitet, sie kann auch lange verborgen bleiben. Natürlich ist es gesünder, die Treppe zu nehmen und nicht den Fahrstuhl, um in die sechste Etage zu kommen. Beim zwanzigsten Stockwerk wird es dann schon schwieriger. Und dann gibt es noch den unangenehmen Kollegen, der die Tür des winzigen Kopierraumes schließt, während Sie sich darin befinden.

Arbeiten Sie die folgende Übung für Ihre ganz persönliche Phobie um:

Vorab unterteilen Sie mit Unterstützung Ihres Helfers die Arbeit in Etappen. Je stärker Ihre Phobie ist, umso kleinere Schritte gehen Sie – und überspringen Sie keinen. Lieber wiederholen Sie den einen oder anderen Schritt. Am Ende der Übungen gilt es, nicht einfach aufzuhören. Haben Sie Ihr Ziel ein einziges Mal – vielleicht mit Herzklopfen – erreicht, ist die Arbeit nicht zu Ende. Erst wenn Sie es viele Male ohne Aufregung geschafft haben, sind Sie Ihre Phobie los. Vielleicht haben Sie die Befürchtung, Ihre Begleiterin verliert die Geduld. Dann sprechen Sie darüber! Vereinbaren Sie einen realen Ausgleich: »Sooft du mit mir Fahrstuhl fährst, so oft bügle ich eine Bluse.«

Wenn es Ihnen leichter fällt, mit einem Therapeuten zu arbeiten, suchen Sie sich eine Verhaltenstherapeutin, die mit Ihnen zum Fahrstuhl geht. Trockenübungen in der geschützten Praxis und in Ihrer Fantasie (als Imaginationsübung) sind auf die Dauer nicht ausreichend wirksam. Sie müssen Ihre Phobie in der Alltagssituation bearbeiten. Bei der Flugangst endet die Behandlung, die verschiedene Fluggesellschaften anbieten, wenn nicht in vivo, so in einem Flugsimulator.

Übung: Mit dem Fahrstuhl in die sechste Etage

Nun ganz konkret: Folgende Schritte können Sie gehen, um eine Klaustrophobie zu überwinden. Für Ihr persönliches Problem finden Sie eine Analogie, am besten schon mit Ihrem Helfer zusammen.

1. Schritt: Sie begeben sich für ein paar Minuten in die Nähe eines Fahrstuhls. Beobachten Sie einfach: Das Öffnen und Schließen der Tür, die Leuchtanzeige, die Sie über den Standort und die Fahrtrichtung informiert. Tun Sie dies so oft, bis sich keinerlei (!) Symptome der Angst mehr zeigen. Sie steigen ja nicht ein, Sie sehen sich das Gerät nur an.

2. Schritt: Beobachten Sie die Menschen, die ein- und aussteigen. Sind sie beschäftigt, ruhig oder hektisch? Wie beurteilen Sie ihre Gefühlslage?

3. Schritt: Nach mehreren Wiederholungen von Schritt 2 stellt Ihnen Ihr Helfer die Frage: »Wer von denen, die einsteigen, hat wohl Angst?« Fokussieren Sie Ihre Beobachtungen darauf.

4. Schritt: Zu einer Zeit, in der der Fahrstuhl wenig frequentiert wird, betreten Sie ihn. Ihr Helfer sorgt dafür, dass die Tür offen bleibt. Sehen Sie sich die Technik genau an, auch die Sicherheitstechnik: Wo ist der Alarmknopf, wo ist die Gegensprechanlage? Es gibt auch einen Knopf, mit dem sich bereits schließende Türen wieder öffnen lassen.
Dieser Schritt ist sehr wichtig und er sollte mehrmals wiederholt werden.

5. Schritt: Steigen Sie ein (mit Ihrem Helfer), drücken Sie den Knopf irgendeiner Etage und steigen Sie wieder aus. Sehen Sie, wie die Türen sich schließen und der Aufzug abfährt (er weiß nicht, dass Sie wieder ausgestiegen sind).

6. Schritt: Sie steigen ein, drücken den Knopf irgendeiner Etage und steigen wieder aus. Nun stellen Sie sich vor, Sie stünden *im* Aufzug.

7. Schritt: Sie steigen ein, mit Ihrem Helfer, drücken den Knopf für die erste Etage und bleiben im Aufzug. Der Helfer darf Ihre Hand halten. Vielleicht möchten Sie ja auch gleich wieder herunterfahren?

8. Schritt: Wiederholen Sie Schritt 7 noch einige Male, vielleicht vergrößern Sie den Radius und fahren in die 3. Etage? – Immer noch mit Helfer.

9. Schritt: Sie fahren allein in die erste Etage – Ihr Helfer wird Sie dort erwarten (viele Male wiederholen).

10. Schritt: Sie machen die 9. Übung ganz ohne Helfer – der erwartet Sie anschließend im Café.

Fühlen Sie sich noch unsicher, können Sie gern bei Schritt sechs oder sieben wieder beginnen. Wichtig ist, dass Sie sich Zeit nehmen, bis Sie sich wirklich sicher fühlen, ganz gleich, ob Sie selbstorganisiert Ihre Phobie angehen oder mit Unterstützung eines Therapeuten. Auch im letzteren Fall ist es wichtig, konkrete Ängste wie Phobien in Alltagssituationen nicht allein in der Praxis des Therapeuten zu bearbeiten.

In seltenen Fällen erscheint nach einer gut bearbeiteten Phobie ein anderes Symptom, das kann eine neue Phobie sein oder auch eine Depression. Dieses Phänomen wird Symptomverschiebung genannt. Dann ist es wichtig, in einer tiefenpsychologisch fundierten Therapie nach Ursachen zu suchen.

Xenophobie und Homophobie

Zwei weitere Begriffe aus der Phobienliste bei Wikipedia möchte ich hier noch vorstellen, nämlich die Xenophobie und die Homophobie. Bei der Xenophobie handelt es sich um die Angst vor dem Fremden, also vor allem, was uns fremd ist und deshalb bedrohlich erscheint. Besonders deutlich wird diese Angst in der Fremdenfeindlichkeit. Bei der Homophobie geht es um die Angst vor Homosexualität und/oder vor homosexuellen Menschen. Wenn diese Begriffe eher in die Sozialwissenschaft als in die Psychologie gehören, können wir sie doch als Psychosyndrome betrachten. Hinter beiden Begriffen verbergen sich deutliche persönliche, neurotische Problematiken. Manche Menschen fühlen sich in ihrer nationalen oder sexuellen Identität nicht sicher, besonders wenn ihnen deutliche Gefühle von positiver Zugehörigkeit, sozialer Sicherheit und Kohärenz fehlen.

Ich schließe diesen kurzen Abschnitt mit einem Zitat der jüdischen Philosophin Hannah Arendt ab:

»Nur dann können wir uns mit der Vielfalt der Gattung Mensch und den Unterschieden unter den Menschen aussöhnen [...], wenn wir uns wie durch eine außergewöhnliche Gnade bewußt werden, daß Menschen die Erde bewohnen und nicht *der Mensch*.« (Zitiert nach Straub)

Mit regelmäßig auftretenden Ängsten meine ich, außer den Phobien, auch die Ängste, die immer dann auftreten, wenn Sie in gewissen Situationen sind oder solche auf Sie zukommen. Lampenfieber ist eine solche Angst, auch Rede- und Prüfungsängste gehören dazu. Manchmal liegt die Regelmäßigkeit auch in Ihnen selbst. Die Angst kann zum Beispiel Bestandteil eines prämenstruellen Syndroms sein oder auftreten, wenn Sie sich körperlich unwohl fühlen, zum Beispiel an Schmerzen leiden oder auch einen Kater haben. Diese Art von Ängsten ist die einzige, bei der Sie sich fragen sollten: Ist es besser/richtiger/gesünder, die auslösende Situation zu vermeiden? Eine solche Frage will möglichst behutsam beantwortet sein. Die Falle ist dabei die Selbsteinschränkung, die immer entsteht, wenn ich etwas vermeide. Vielleicht verzichte ich auf etwas, dass es eigentlich lohnt, die Angst auszuhalten oder mit ihr konstruktiv umzugehen. Ich komme noch einmal auf das Beispiel des Lampenfiebers zurück: Wenn Sie in einer Theatergruppe mitarbeiten oder in einer Band ein Instrument spielen, aber vor dem Auftritt große Ängste haben, können Sie sich die Frage stellen: »Soll ich es nicht einfach lassen?« Bei einem »Ja« wird sich vielleicht zuerst große Erleichterung einstellen. Wird dieses Gefühl auch bleiben?

Hier empfehle ich folgende Übung:

Übung: Sechs Wochen bis drei Jahre

Die Übung teilt sich in die Ja- und Nein-Tabelle. Teilen Sie dazu zwei Blätter Papier und teilen jedes in vier Zeilen:

Die Ja-Tabelle	Gefühle, wenn ich ... aufgegeben habe
Heute	
In sechs Wochen	
In einem Jahr	
In drei Jahren	

Für die Nein-Tabelle gilt die gleiche Einteilung.
Nehmen Sie sich also Ihre Frage vor, stellen Sie sie so exakt wie möglich: »Soll ich ... nicht mehr tun?«
Nun beschäftigen Sie sich zuerst mit der Ja Tabelle: Wenn ich *heute* meine Frage mit »Ja« beantworte, wie fühlt sich das an? Nehmen Sie sich Zeit, Ihre Gefühle wahrzunehmen, diese können durchaus ambivalent sein, zum Beispiel: große Erleichterung und Schuldgefühle.
Dann beschäftigen Sie sich nacheinander – immer mit einigen Minuten Abstand – mit den anderen Zeiträumen. Wie werden Sie sich fühlen, wenn Sie etwas aufgegeben haben, das mit Ängsten verbunden war? War es die richtige Entscheidung?
Nach einer größeren Pause beschäftigen Sie sich mit den Gefühlen, die entstehen, wenn Sie Ihre Frage mit »Nein« beantworten. Wenn Sie nun beide Blätter nebeneinanderhalten, wird die Lösung deutlich. Um bei unserem Beispiel zu bleiben, kann sie so lauten: »Nein, ich werde die Gruppe nicht verlassen, das Theaterspielen macht mir Spaß und ich werde die Kontakte vermissen. Außerdem ist das die einzige Gruppe, in der ich aktiv bin.« Oder aber auch, wenn Sie sich für »Nein« entschieden haben: »Ich höre damit auf, die Angst ist größer als die Freude, die Menschen sind mir dort nicht so wichtig und ich kann mit der Zeit etwas anfangen, was mir mehr Spaß macht.«

Kleine Warnung

Geben Sie nicht einfach etwas aus Angst auf – Ihr Leben könnte enger und enger werden, weniger Anregungen, Kontakte und weniger Inspiration enthalten. Wenn Sie etwas aufgeben, suchen Sie einen (angemessenen!) Ersatz. Wenn Sie zum Beispiel nicht mehr zum Reiten gehen, weil Sie Ihre Angst vor dem Pferd nicht überwinden können oder sich vor dem Herunterfallen fürchten, sehen Sie sich vielleicht danach um, wo und wie Sie Kontakt mit anderen Tieren haben können: Freiwilligendienst im Tierheim? Eine Hundepatenschaft? Dinge nicht ersatzlos fallen zu lassen ist besonders wichtig für älter werdende Menschen – aber nicht nur für diese Altersgruppe.

6. Dauerhaft beruhigende Übungen

Wenn wir die Aufmerksamkeit von der Angst ablenken, wird die breite Gedankenautobahn ein wenig überwuchert, und neue Wege entstehen. In diesem Kapitel geht es darum, diese neuen Wege auszubauen, indem wir eine dauerhafte Beruhigung erarbeiten, bezogen auf Ängste und andere Belastungen im Leben. Es ist notwendig, an etwas anderes zu denken, weil wir nicht nichts denken können. Möglichst nichts zu denken ist das (unerreichbare) Ziel jeder Meditation. Erfahrene Meditierende wissen das. Manche Übungen in diesem Kapitel brauchen Regelmäßigkeit und Selbstdisziplin. Es ist gut und besonders wirksam, sie in einer Gruppe zu praktizieren oder auch einfach mit ein oder zwei Freunden. Rufen Sie eine kleine Runde ins Leben, in der Sie die eine oder andere der folgenden Übungen durchführen. Einmal in der Woche wäre schon ausreichend, um Ihrer eigenen Übungspraxis neuen Auftrieb zu geben. Außerdem hat eine Gruppe noch den Vorteil, dass Sie Ihre Ängste zumindest in kleinem Rahmen öffentlich machen können. Das Verbergen von allen Gefühlen kostet enorme psychische Kraft, die Sie zur Heilung benötigen.

Stabilisieren und Selbstwirksamkeit stärken

Die folgende Übung hat keinerlei Voraussetzungen, außer dass Sie sich den Ablauf merken, wobei der Name schon einen deutlichen Hinweis liefert. Sie wurde entwickelt von der amerikanischen Traumatherapeutin Yvonne Dolan. Die Übung wird häufig in psychosomatischen Kliniken gelehrt, sie ist eine leichte Form der Selbsthypnose und hochwirksam, nicht nur bei Ängsten, sondern auch bei Grübelzwängen, die oft mit Ängsten Hand in Hand gehen. Selbst bei Prüfungsstress kann sie zur Entspannung eingesetzt werden, weil jede Konzentration auf

Sinneswahrnehmungen die Aufmerksamkeit nach außen leitet. Auch bei Ein- und Durchschlafschwierigkeiten ist diese Übung wirksam. In diesem letzteren Fall schließen Sie natürlich Ihre Augen, sonst soll die Übung mit geöffneten Augen durchgeführt werden.

Und so funktioniert diese kleine Wunderübung:

5-4-3-2-1-Übung

Wie gesagt, es geht darum, die Wahrnehmung auf Sinneseindrücke (und weg von belastenden Gedanken) zu richten.

In dieser ausführlichen Form der Übung nehmen Sie sich einen Augenblick Zeit, achten auf ein ruhiges Fließen des Atems und fixieren einen festen Punkt im Raum – nicht unter Augenhöhe. Nun erfahren Sie auch endlich, warum diese Übung so heißt. Sie zählen Sätze auf, und zwar von fünf rückwärts. Sprechen Sie leise, aber hörbar, wenn Sie allein sind, nur innerlich, wenn fremde Menschen um sie herum sind, zum Beispiel in der Straßenbahn. (Für diese Situation gibt es eine kurze Variante in *Übungen für den Notfall*.) Benutzen Sie für die folgenden Aufgaben jeweils einen ganzen, konkreten Satz. Also, Sie zählen auf:

1. Zuerst fünf Dinge, die Sie sehen, zum Beispiel: Ich sehe ein kleines Mädchen, ich sehe eine Kastanie, ich sehe einen Mann mit Hut, ich sehe einen Papierkorb, ich sehe einen kleinen braunen Hund.
2. Dann fünf Dinge, die Sie hören.
3. Und nun noch fünf Empfindungen (keine Gefühle!), sondern: »Ich spüre den Wind in meinem Gesicht, ich spüre ein Jucken am Unterarm, ich spüre den Speichel in meinem Mund, ich spüre den Boden unter meinen Füßen, ich spüre meinen Hunger.«

Das ist alles. In der nächsten Runde geht es mit vier kleinen Sätzen weiter, je einen fürs Sehen, Hören und Empfinden. In der dritten Runde formulieren Sie je drei Sätze – und so weiter. Sie dürfen sich getrost wiederholen, vielleicht sehen Sie von Ihrem Platz aus nicht fünfzehn Dinge gleichzeitig. Wiederholen Sie die Übung mehrmals, bis Sie sich wirklich entspannt fühlen und ohne negativen Gedanken – oder bis Sie eingeschlafen sind. Es ist kein Problem, wenn Sie die Reihenfolge verwechseln.

Zuflucht nehmen

Zuflucht ist in der buddhistischen Lehre einer der anfänglichsten und wichtigsten Begriffe. Als Zuflucht gelten der Buddha, der Dharma (Buddhas Lehre, der Weg) und die Sangha (die Gemeinde oder Gruppe). Letzteres kann, übersetzt in unsere Realität, auch Familie, Peergroup oder Freundeskreis bedeuten.

Auch alle anderen Religionen bieten vergleichbare Zufluchtsrituale an. Im christlichen Umfeld ist es der »Schutzengel«, zu dem viele Menschen Zuflucht nehmen, oder ein persönlicher Lieblingsheiliger. Außerhalb jeder Religion können wir Zuflucht nehmen zu unseren Freunden, einem inneren guten Objekt oder zu uns selbst, zu unserem inneren Raum. Den vage beschriebenen Raum können wir auch als innere Stärke, Selbstwirksamkeit oder *heiles Selbst* beschreiben. Diesen Anteil haben alle lebenden Menschen. Manchmal verlieren wir den Kontakt zu ihm. Die anschließende Übung stellt den Kontakt wieder her und hilft uns, ihn zu stärken. Zuflucht nehmen Sie, indem Sie die Stärken, die Ihre Vorbilder darstellen, und die Eigenschaften, die darin verkörpert sind, durch Betrachtung oder durch die Atmung in sich aufnehmen. Sie können sich auch die dazugehörenden Gestalten vorstellen, »visualisieren« und in der Imagination um Schutz und Unterstützung bitten. Achten Sie, wenn möglich, dabei auf eine ruhige, leicht fließende Atmung. Zuflucht nehmen wir, weil wir Angst vor irgendetwas haben, zu jemandem oder etwas, der, die oder das keine Angst hat. Darum ist es auch wichtig, dass die spirituellen Vorbilder keine lebenden Personen sind. Diese sind selbst noch in ihren Ängsten gefangen.

Eine Basis der folgenden Übung ist die Differenzierung, die die buddhistische Lehre und die von ihr abgeleitete buddhistische Therapie zwischen Schmerz und Leid vornimmt. Das bedeutet Folgendes: Es gibt kein Leben ohne Schmerzen, seien sie physischer, psychischer oder mentaler Art. Aber ob wir darunter leiden – oder sie benennen, beobachten, akzeptieren und heilen, das ist unsere Entscheidung. Klingt schwierig? Folgende Übungen zeigen Ihnen einen Weg:

Übung: Zuflucht nehmen

Dies ist eine sehr einfache Übung. Sie brauchen dazu *Meditationsbedingungen*. Diese sind: ruhiger Raum, keine Störung, entspannte und aufrechte Körperhaltung, geöffnete oder halbgeöffnete Augen. Es handelt sich nicht um eine Entspannungsübung, sondern eine Übung, die mit unangestrengter Aufmerksamkeit durchgeführt wird. Achten Sie dabei auf eine ruhige, leicht fließende Atmung. Dann stellen Sie sich eine Person oder einen Ort vor, bei der oder an dem Sie sich absolut in Sicherheit fühlen. Das kann Ihre verstorbene Großmutter ebenso sein wie Pippi Langstrumpf, eine Unterwasserkapsel ebenso wie eine Hütte im Himalaya oder ein Platz auf einer Wolke. Spüren Sie, dass Sie zu dieser Person oder an diesen Ort immer kommen können – und dass es hier für Ängste oder andere Sorgen keinen Platz gibt. Sie können Urlaub machen von allen Nöten des Lebens. Nehmen Sie einfach dieses Bild und das damit verbundene Gefühl in sich auf.

Wenn Sie diese Übung beendet haben – sie kann wenige Minuten dauern oder eine halbe Stunde –, versuchen Sie, sich das Gefühl von Sicherheit im Laufe des Tages immer wieder zu vergegenwärtigen.

Übung: Sicherheit verankern

Sie können das in der letzten Übung erlebte Gefühl körperlich *verankern*. Das bedeutet Folgendes: Wenn Sie so gut Zuflucht genommen haben, dass Sie sich sicher fühlen, suchen Sie danach, wo Sie dieses Gefühl in Ihrem Körper am deutlichsten spüren. Legen Sie Ihre Hand auf diese Stelle. Nach einiger Übung werden Sie mit dieser Geste in der Lage sein, das Gefühl der Sicherheit zurückzuholen. So wird diese Übung, die eingangs etwas Disziplin und Regelmäßigkeit braucht, auch zur Notfallübung. Sie haben damit in Ihrem Gehirn neue Verbindungen geschaffen, sodass über die breite Angstautobahn wieder ein wenig Gras gewachsen ist.

Die folgende Übung ist eine meiner Lieblingsübungen, ich habe sie vielfach selbst angewendet in schlaflosen Nächten oder Zeiten der Sorge. Sie ist auch geeignet für einen normalen Alltag ohne besondere Verstörungen, weil sie tiefe innere Ruhe bringt. Der folgende Text ist eine von mir vereinfachte Version, sie folgt einer Übung aus dem Buch *Die 3 Tore zur Gelassenheit* von Tenzin Wangyal Rinpoche. Die Übung bietet uns die Chance, uns mit allen Gefühlen, seien sie auch unangenehm oder schmerzhaft, zu versöhnen.

Da sie zumindest am Anfang ein wenig kompliziert zu sein scheint, empfehle ich, sie auf einen Tonträger zu sprechen. Das können Sie selbst tun oder einen Menschen tun lassen, dessen Stimme Sie mögen und die Sie beruhigen kann. In der Übung ist von Schmerz die Rede, dieser Begriff steht ebenso für Trauer, Ängste und Wut. Zu Beginn des Übens ist es empfehlenswert, sich auf ein einzelnes Gefühl einzulassen. Stellen Sie fest, was im Augenblick die Herausforderung ist, die Sie am meisten belastet. Kleinere Probleme erledigen sich manchmal nebenbei und wie von selbst.

(Da Sie in diesem Text von einer vertrauten Person angesprochen werden, von sich selbst oder einer Freundin, verwende ich hier als Anrede das Du. – Und ein [P] im Text bedeutet für den Vorleser, eine kleine Pause von mindestens drei bis fünf Sekunden zu machen.)

Übung: Gefühle beheimaten

»Sitze in einer bequemen Haltung. Richte deine offene und klare Aufmerksamkeit nach innen. Spüre die unbewegliche Ruhe im ganzen Körper. (P) Fühle und höre tiefe Stille in deiner Rede, deinem Verstand. (P) Fühle die Weite in deinem Geist. (P) Ruhe anstrengungslos in dieser unbewegten Ruhe, dieser Stille, dieser lichten Weite. Halte deine Aufmerksamkeit sanft in dieser Ruhe. Nimm diesen grenzenlosen Raum wahr. (PP)
Richte deine Aufmerksamkeit auf die innere Stille. Höre diese Stille. Nimm diesen grenzenlosen stillen, lichten Raum wahr und nimm wahr, dass du ihn wahrnimmst. Fühle die tiefe Vollkommenheit in diesem Gewahrsein. Fühle dieses Gewahrsein und diese Verbundenheit mit diesem stillen,

lichten Raum. (P) Ruhe anstrengungslos darin, mit tiefer Gewissheit, mit tiefem Vertrauen und Selbstvertrauen. (PP)

Richte deine Aufmerksamkeit auf die Weite in deinem Herzen und in deinem Geist. Fühle den Raum, sei seiner gewahr. Aus der Einheit von Raum, Licht und Gewahrsein kommt tiefe Wärme, eine Wärme der Gegenwart, des Seins, eine Wärme der Vollständigkeit. (P) In diesem Raum aus Weite, Licht und Wärme entsteht eine große Freude. (P) Ruhe in dieser inneren Zuflucht. Atme tief ein und aus. Halte nicht den Atem an. (PP)

Vergegenwärtige dir, was derzeit die Herausforderung in deinem Leben darstellt, deinen Schmerz. Ruf ihn dir ins Bewusstsein, wo immer sich dieser manifestiert. Bleibe dabei gewahr und verbunden mit dem inneren Raum. (P)

Du musst diesen Schmerz wahrnehmen und dich mit ihm verbinden. Wenn du deines Schmerzes gewahr bist, dann gib ihm ein Zuhause in der inneren Zuflucht, in diesem grenzenlosen Raum, in diesem Gewahrsein, dieser Wärme.

Beherberge deinen Schmerz nur, versuche nicht, ihn zu ändern, greife nicht danach, analysiere nicht, manipuliere nicht. Lass es, wie es ist, lass es bleiben, lass es gehen. Beherberge, wie die Wärme der Sonne beherbergt, die Sonne beherbergt alles gleichermaßen, ohne Bewertung. (PP)

Wenn du deinem Schmerz ein Zuhause gibst, fühlt er Befreiung und Heilung. Er öffnet sich und fühlt sich umsorgt. Er ist wie ein lieber Mensch, der wirklich Hilfe braucht. Wenn man sich diesem Menschen endlich zuwendet, fühlt er sich zutiefst berührt, geheilt, weil er urteilsfreie Aufmerksamkeit und Fürsorge erhält.

Dein Schmerz hat darauf gewartet, dies von dir zu bekommen, diese Offenheit, diese Zuwendung. Gib deinem Schmerz ein Zuhause. (PP)

Du fühlst dich von dieser Zuflucht beschützt, das Gewahrsein macht dich lebendig, die Wärme lässt dich Freude empfinden. Und der Schmerz wird geheilt. Indem du ihn weiter beherbergst, wird der Schmerz geheilt.

Halte diesen Raum aufrecht und ruhe darin. Und während du fortfährst zu beherbergen, verflüchtigt sich der Schmerz. (PP)

Du hast in dir einen friedvollen, hellen und warmen Raum gefunden.

Du hast ein neues Wesen in dir entdeckt, ein Wesen voll Licht und Wärme. Nimm diesen neuen Raum wahr, diese neue Wärme, dieses neue Wesen von dir. Nähre es, wie du ein Baby umsorgst, damit es gedeiht und sich im Alltagsleben manifestiert. (PPP)«

Diese Übung besteht also aus drei Teilen: Zuerst schaffen wir einen heilenden Raum, dann beherbergen wir unsere Gefühle darin. In dem kurzen dritten Teil stellen wir fest, dass wir es sind, die diesen Raum geschaffen haben, die unser Leid auf den Weg der Heilung gebracht haben. Wir entdecken uns selbst als gutes Objekt, voller Selbstliebe und fähig zur Selbstversorgung. Dieses *Wesen*, wie es im Text genannt wird, ist ja nicht neu. Wahrscheinlich kennen Sie es sogar. Wie oft haben Sie es für andere eingesetzt? Manchmal, sogar in tiefer Not, ist es gar nicht so schrecklich, wenn gerade kein anderer Mensch da ist, um zu helfen. Wir brauchen nur den Kontakt zu unseren eigenen Ressourcen. Die Fähigkeit zur Selbstberuhigung ist uns angeboren. Babys nutzen sie, indem sie zum Beispiel den Daumen lutschen, wenn die Mama nicht sofort herbeieilt. Später sind der Teddy oder das Schmusetuch tröstende Übergangsobjekte. So ist es auch hilfreich, Gegenstände zu besitzen und im Blick zu haben, die Geborgenheit vermitteln, wie das Bild einer geliebten Person, ein heißer Tee aus der schönsten Tasse, eine weiche Decke. Und: Auch Erwachsene dürfen ein Kuscheltier haben.

Wenn es Ihnen gelungen ist, sich Ihrer Angst anzunehmen, können Sie sie vielleicht in eine Helferin verwandeln. Die Übung, die ich im Folgenden vorschlage, ist eine verkürzte Version von *Das Füttern der Dämonen* aus der tibetischen Chöd-Praxis, wie sie Tsültrim Allione beschreibt. Dabei geht es darum, die positiven Seiten der Angst herauszufinden und sich mit ihnen zu verbünden.

Übung: Sich die Angst zum Verbündeten machen

Praktizieren Sie diese Übung wie ein Gespräch. Achten Sie dabei genau darauf, aus welcher Position Sie sprechen. Ich berichte im Folgenden das Gespräch, das eine Patientin in meinem Beisein mit ihrer Angst geführt hat. Damit werden die einzelnen Schritte deutlicher, als wenn ich sie abstrakt beschreibe. Lassen Sie sich vom Inhalt des Gespräches nicht beeinflussen. Sie führen Ihr ganz eigenes Gespräch.

Hilfreich ist es, wenn Sie sich und Ihre Angst auf zwei sich gegenüberstehenden Stühlen Platz nehmen lassen. Wenn also die Angst spricht, wechseln Sie den Platz. Sollte es Ihnen zu gefährlich sein, direkt mit Ihrer Angst zu sprechen, setzen Sie auf den zweiten Stuhl einfach Ihr inneres ängstliches Kind.

Dialog:

Patientin: Was willst du bei mir erreichen? (Hier ist der behindernde, negative Aspekt der Angst gemeint.)

Angst: Ich will nicht, dass du so gefährliche Sachen machst. Du sollst überhaupt zu Hause bleiben, du musst nicht in den Bergen herumklettern.

P: Was brauchst du von mir? Was fehlt dir?

A: Ich will Ruhe und Sicherheit.

P: Ich gebe dir Sicherheit und Gebogenheit, so viel, wie du brauchst. Das verspreche ich! (Sie können sich an dieser Stelle auch ausmalen, die Angst oder das innere Kind zu füttern.) Wie fühlst du dich, wenn ich dir gebe, was du brauchst?

A: Dann fühle ich mich wach und ruhig.

P: Das ist schön. Willst du weiter zu mir gehören? Was kannst du für mich tun?

A: Ich kann aufpassen, dass du nicht über deine Grenzen gehst.

P: Danke, ich freue mich, wenn du ein wenig auf mich aufpasst. Und vergiss nicht, dass ich kein kleines Kind mehr bin. So sehr wie damals musst du mich nicht mehr hüten.

Alle unsere Gefühle gehören zu uns. Sind sie schmerzhaft, würden wir sie am liebsten loswerden. Damit machen wir uns in der Regel noch mehr Kummer, wenn wir uns zum Beispiel vorwerfen, versagt zu haben und immer noch ängstlich zu sein. Unsere Gefühle möchten in erster Linie akzeptiert werden, nicht bekämpft. Dann können wir sie integrieren, in einem gesunden Maß halten und, wenn die Situation es erfordert, auch angemessen ausdrücken. Natürlich haben auch erwachsene Menschen manchmal Angst.

Damit die Angst nicht wieder völlig im Fokus steht, noch eine kleine Übung zur Dankbarkeit. Dankbarkeit ist seit einigen Jahren mein Lieblingsthema, einmal, weil sie gesund erhält – und auch ein Stück heilen kann, besonders die Seele. Und warum soll der Körper dann nicht folgen? Zum anderen ist dieses Wundermittel nicht nur kostenlos, sondern auch noch selbst herzustellen. Manche Meditationsformen beinhalten Anweisungen wie »erzeuge Mitgefühl in dir« oder eben Dankbarkeit. Kann das so einfach funktionieren? Wie immer ist es einfach, aber nicht leicht. Was fehlt? Ein Werkzeug. Anleitungen zu Übungen oder Meditationen sind solche Werkzeuge, es leichter zu machen, was oft ganz einfach ist. Hier ein Werkzeug zur Erzeugung von Dankbarkeit:

Übung: Dankbarkeit erzeugen. Die Erste
Stellen Sie sich vor, was Ihnen in Ihrem Leben wichtig ist. Personen, Unternehmungen, Aufgaben, aber auch Gegenstände, Erfahrungen, Pläne, einfach alles, alles, was Sie mögen, was Ihnen also in positiver Weise wichtig ist. Manchmal sind natürlich auch unangenehme Dinge wichtig, wie zum Beispiel das Einnehmen schmerzstillender Medikamente. Was positiv wichtig ist, finden Sie folgendermaßen heraus: Stellen Sie sich vor, es verschwände aus Ihrem Leben. Entsteht eher ein Verlustgefühl oder eine Erleichterung? Gut, bleiben Sie also bei den Dingen, die gut und wichtig sind. Nun stellen Sie sich vor, diese Elemente würden aus Ihrem Leben verschwinden. Sie würden Leere hinterlassen, Freude würde fehlen ...
Nun wechselt das Bild: Alles ist noch da, alle Personen, Unternehmungen, Aufgaben, Gegenstände, Erinnerungen, Pläne, an die Sie gedacht haben.

Welches Gefühl entsteht nun? Erleichterung, ein Seufzer wie »Gott sei Dank«? Genießen Sie diese Freude, das Wissen um die Reichtümer Ihres Lebens. Das ist Dankbarkeit!

Hinweis: Diese Übung ist nur eines der Werkzeuge, die Ihnen helfen können, positive Gefühle in sich zu erzeugen. Sehr empfehlenswert ist auch ein MBSR-Kurs. MBSR heißt Mindfulness-Based Stress Reduction, auf Deutsch etwa achtsamkeitsbasierter Stressabbau. MBRS ist auch wirksam bei Ängsten, und Sie finden sicher einen Kurs in der Nähe Ihres Wohnortes.

Damit komme ich zur letzten Übung, die Ihnen dauerhaft helfen kann, sich zu beruhigen, sich freier, gelassener und sicherer zu fühlen. Zugegeben, die Idee ist nicht neu, inzwischen gibt es ganze Bücher darüber. Wichtig ist, dass Sie eine Form finden, die regelmäßig und dauerhaft in Ihren Alltag passt.

Übung: Reizfasten

Das Wort sagt schon, worum es geht. Es braucht Zeiträume, in denen wir nicht allen Reizen ausgesetzt sein müssen. Gestalten Sie Ihr Reizfasten individuell – und damit durchhaltbar. Ich mache einige Vorschläge:
- Nach 20:00 Uhr keinen Blick mehr auf Smartphone, Mailbox oder Sprachbox (Erreichbarkeit vermindern)
- Wenig Nachrichten sehen und hören
- An bestimmten Tagen gar keinen Nachrichtenempfang, auch keine Zeitung
- Telefonanrufe nur bis 19:00 beantworten
- Sich an bestimmten Wochentagen ganz offline begeben

Machen Sie es wie Gott: Laut Schöpfungsgeschichte ruhte er am 7. Tag. Er las keine Zeitung, sah kein Fernsehprogramm, verschickte weder SMS noch Mails. Er schlief lange, ging spazieren, meditierte und kochte sich ein leckeres, gesundes Mittagessen, zu dem er manchmal auch Freunde einlud. Über Politik zu reden war dabei verboten.

Gefühlsregulationen

>»In meinem Leben gab es viele Katastrophen,
und manche sind tatsächlich passiert.«
Mark Twain

Bei manchen Gefühlen wünschen wir uns, mehr Einfluss auf sie nehmen zu können. Wir möchten die Uhr anhalten, wenn wir uns zufrieden oder gar glücklich fühlen. Später möchten wir dann die Zeit zurückdrehen, um uns noch einmal so zu fühlen. Ebenso wünschen wir uns, dass es endlich vorbei ist und die Zeit schneller vergeht, wenn unangenehme Gefühle uns beherrschen. Wir würden am liebsten einen Schalter umlegen – und alles wäre vorbei. Diese Wünsche gelten besonders für die Angst, die neben der Scham das wohl das unangenehmste Gefühl ist, das wir kennen. In den letzten beiden Sätzen liegen aber auch Lösungen versteckt. Eine Antwort liegt in dem Ausdruck, dass *Gefühle uns beherrschen*. Ich kann nicht oft genug betonen, dass das nicht sein muss! Sie sind immer stärker als Ihre Angst, immer! Wenn Sie es nicht wären, würden Sie dieses Buch nicht lesen, würden vielleicht halbwegs mit Psychopharmaka beruhigt im Klinikbett liegen oder völlig erstarrt in Ihrem Sessel sitzen. Sie atmen, waschen sich, tun Ihre Arbeit, was nicht unbedingt eine Berufstätigkeit sein muss, und haben den einen oder anderen Kontakt. Und mit Sicherheit gibt es immer kurze Augenblicke, in denen Sie Ihre Angst nicht so sehr oder fast nicht spüren. Ganz gleich, ob Sie an irrationalen Ängsten, Hypochondrie (Angst vor Krankheiten), Panikattacken oder einer generalisierten Angststörung leiden, es wird diese Augenblicke immer geben. Machen Sie sich das deutlich mit der folgenden Übung:

> **Übung: Ich bin stärker als die Angst**
> Diese Übung ist besonders unterstützend im Prozess der Heilung, wenn sie regelmäßig, am besten mehrmals täglich, gemacht wird. Sie besteht in einer einfachen Schreibübung. Nehmen Sie dafür ein besonderes, am besten ein kleines DIN-A6-Heft, das Sie immer bei sich tragen können. Jedes Mal, wenn Sie merken, dass die Angst ein wenig oder sehr nachgelassen hat, Sie eine Weile gar nicht an die Angst gedacht haben, machen Sie eine kleine Notiz. Dabei ist Verschiedenes zu beachten. Nehmen Sie nicht Ihre Angst in den Fokus, sondern das Positive Ihres Erlebens: Wo waren Sie gerade, was war schön? Was haben Sie gefühlt? Beschreiben Sie in wenigen Stichworten die Situation und dann Ihr Gefühl, nicht die Angst, auch nicht die verbliebene Restangst. Das sieht dann etwa so aus: »Kaffeetrinken mit Laura, erzählt spannende Geschichte. Ich war interessiert, wir haben gelacht, habe mich ihr nahe gefühlt – gute Freundin!« Sammeln Sie diese kleinen Situationen akribisch. Je mehr Sie haben, umso größer wird Ihr Vertrauen in sich selbst und Ihre Selbstwirksamkeitserwartung: Ich bin stärker als meine Angst!

Die zweite Idee der Gefühlsregulation kam mir, als ich den einleitenden Text schrieb. Es geht um das Bild, dass man den Schalter einfach umlegen können möchte. Manche Menschen würden sogar gerne einen Knopf haben, mit dem sie bestimmte Gefühle einfach ausschalten. Ich sage dann, dass ich einen solchen Knopf leider nicht kenne. Und obwohl natürlich rational alle PatientInnen wissen, dass es diesen Knopf nicht gibt, spüre ich doch manchmal ihre Enttäuschung.

Die kleine Übung, die ich Ihnen jetzt vorschlage, ist allerdings ein Schritt in die gewünschte Richtung. Sie eignet sich auch für andere heftige Gefühle wie Wut und Ärger. Na, geht's oder geht's nicht? Es gibt also doch einen Schalter? Nicht wirklich, aber wir können über unsere Entscheidung mittels unseres Willens und unserer Vorstellungskraft Einfluss auf unsere Gefühle nehmen. Dafür kann der Schalter eine Metapher sein. Und so funktioniert die Übung:

Übung: Gefühlsregulation per Schalter

Stellen Sie sich also einen Schalter vor, entweder einen Schieberegler oder einen Drehschalter. Er ist mit den Ziffern Eins bis Zehn beschriftet. Nehmen Sie sich nun einen Moment Zeit, auf einer Skala von ein bis zehn die Intensität Ihres Gefühls einzuordnen. Um das Gefühl nicht zu verstärken, sollte dieser Teil der Übung eher schnell und spontan erfolgen. Damit Sie nicht zu lange nachdenken müssen, können Sie Ihr Gefühl analog der Einteilung der Windstärke zuordnen, wobei wir die Null und die Eins weglassen, denn dabei wäre diese Übung überflüssig. Und bei der Zehn sind Sie wahrscheinlich so von Ihren Gefühlen überflutet, dass sie gar keine Übung machen können. Hier hilft dann nur zu schreien oder so lange zu laufen, bis Sie völlig außer Atem sind. Hat sich die Atmung wieder normalisiert, können Sie mit der Übung anfangen.

Hier also die Analogie zwischen den Windstärken und Ihren Gefühlen – mit leichten Abweichungen von der normalen Beschreibung der Winde:

Stärke (des Gefühls)	Geschwindigkeit	zu beobachten	Bezeichnung
1	6–11 km/h	Kleine Wellen, die nicht brechen	leichter Wind
2	12–19	Blätter und dünne Zweige bewegen sich	schwacher Wind
3	20–28	Hebt Staub und loses Papier, bewegt Zweige und dünnere Äste	mäßiger Wind
4	29–38	Kleine Laubbäume beginnen zu schwanken	frischer Wind
5	39–49	Starke Äste in Bewegung	starker Wind
6	50–61	Bäume in Bewegung	starker Wind
7	62–74	Zweige werden abgerissen	Sturm
8	75–88	Kleinere Schäden an Häusern	Sturm
9	89–102	Bäume entwurzeln	schwerer Sturm
10	103–117	Starke Schäden	Orkanartiger Sturm

vgl. https://www.wetterkontor.de/de/bft_tabelle.html

Die Übung funktioniert am Anfang am besten, wenn Ihr Gefühlsanzeiger auf der Skala zwischen vier und bei maximal sieben steht. Nach einer Weile können Sie sie auch bei neun bis zehn noch anwenden. Nun aber endlich die konkrete Umsetzung, die auch Spaß machen darf. Das tut sie, wenn Sie sich Ihr Gefühl tatsächlich als einen Wind oder Sturm vorstellen können. Das gelingt besonders bei Wut leicht. Ein starkes Gefühl als Luftbewegung anzusehen schafft schon die erste Distanz und damit Erleichterung. Stellen Sie den Zeiger Ihres imaginierten (oder auch gezeichneten oder mit Stiften dargestellten) Reglers auf die Stärke Ihres Gefühls ein. Atmen Sie ruhig und stellen sich dann vor, wie Sie den Regler auf die nächstniedrigere Zahl schieben. Warten Sie, bis Ihr Gefühl folgt, dabei hilft immer wieder die Konzentration auf die Atmung. Dann gehen Sie zur nächsten Zahl über. Am Anfang ist es schon ein großer Erfolg, wenn Sie sich auf die Drei herunterregeln können. Sollte sich das Gefühl während der Übung wieder verstärken, folgen Sie mit dem Zeiger auf die höhere Zahl. Bleiben Sie möglichst mit Ihrer Aufmerksamkeit bei dem Regler, fokussieren Sie sich nicht zu sehr auf das Gefühl. Das bedeutet, zu denken »Das klappt gleich!« und geduldig zu regeln, bis Sie eine deutliche Beruhigung spüren.

Alle Übungen zur Regulierung der Angst fallen in die Kategorie Ablenkung. Ablenkung ist erlaubt. Wenn sie gut gelingt, ist sie immer wieder ein Beweis dafür, dass wir uns vom Gefühl nicht beherrschen lassen müssen, dass wir stärker sind als irgendein Gefühl, wobei natürlich Ausnahmen die Regel bestätigen. Es gibt akute Gefühle in schlimmen Lebenssituationen, da *haben* wir nicht nur ein schmerzhaftes Gefühl, wir *sind* Trauer, Wut oder Angst. Glücklicherweise kommt das nur sehr selten vor. Auch das Kapitel *Notfallübungen* beinhaltet Möglichkeiten der Ablenkung. (Es gibt natürlich auch destruktive Formen der Ablenkung wie Süchte, Konsum oder Selbstverletzungen. Nicht so sehr zu empfehlen …)

Kleiner Exkurs: Verdrängung

Ablenkung ist nicht zu verwechseln mit dem psychischen Abwehrmittel der Verdrängung. Unter Abwehr verstehen wir in der Psychologie bestimmte, unbewusste Techniken, schmerzhafte Ereignisse aus der Erinnerung zu streichen. Der Prozess der Verdrängung erfolgt, vereinfach gesagt, in zwei Schritten: Wir vergessen etwas, und dann vergessen wir, dass wir etwas vergessen haben. Wenn Sie also das Gefühl haben, etwas vergessen zu haben, haben Sie dieses Etwas eben nicht vollständig verdrängt, und in der Regel wird es Ihnen zeitnah wieder einfallen. Der Prozess der Verdrängung schützt unsere seelische Gesundheit und ist durchaus sinnvoll, wenn wir keine andere Möglichkeit haben, Geschehenes emotional zu bewältigen, zum Beispiel Verletzungen, die wir als Kinder erlitten haben. Leider bleibt diese Verdrängung – wie auch andere Abwehrstrukturen – bestehen, wenn wir in der Lage wären, den Inhalt der Verdrängung zu verarbeiten. Manchmal spielt das keine Rolle, und wir bleiben psychisch gesund mit einer gut funktionierenden Abwehrstruktur, manchmal bricht sich das Verdrängte aber wieder Bahn. Das geschieht besonders, wenn wir gerade körperlich und/oder seelisch nicht besonders stabil sind. Freud spricht hier von der *Wiederkehr des Verdrängten*, ein sehr anschauliches Bild. Diese Wiederkehr kann in unterschiedlichen Symptomen erfolgen, sowohl in psychischen als auch in körperlichen. Wenn Sie also häufig erkranken und gar keine Ursache dafür zu finden ist, weder für die erhöhte Infektanfälligkeit noch für die Schlafstörungen, die depressiven Verstimmungen oder die heftigen Ängste, kann es sich um einen solchen Prozess handeln. Dann brauchen Sie Unterstützung durch eine Ärztin oder eine Psychologin.

Weitere Möglichkeiten der Gefühlsregulation

Besonders sinnvoll und hilfreich ist es, wenn Sie aktiv werden und der Angst – ebenso wie jedem anderen unangenehmen Gefühl – ein neues, freundlicheres Gefühl entgegenstellen. Wie machen Sie das? Denken Sie an Ihr neues Mantra: »Ich bin stärker als die Angst.« Vielleicht finden Sie das alternative Gefühl schon in dem kleinen Heftchen, von dem in der gleichnamigen Übung die Rede gewesen ist. Oder Sie können es aus Ihrer Erinnerung holen, dabei ist es ganz besonders wirksam, eine Erinnerung zu aktivieren, die in Ihnen das Gefühl von Dankbarkeit erweckt. Dankbarkeit ist ein richtiges, hochwirksames Psychopharmakon gegen schmerzhafte Gefühle. Aus diesem Grund habe ich für mich einen Ordner angelegt, den ich genannt habe »Wie ich viele Male gerettet worden bin«. Darin habe ich eine Reihe von Geschichten gesammelt, die davon handeln, wie eine bedrohliche Situation sich zum Guten gewendet hat. Ich erzähle Ihnen hier eine meiner Lieblingsgeschichten:

Die Puppe, die laufen kann

Ich hatte schon als Kind eine blühende Fantasie und habe mir oft Geschichten ausgedacht, die ich meinen jüngeren Geschwistern vor dem Einschlafen erzählt habe und manchmal auch meinen Spielkameraden draußen auf dem Hof. Eines Tages brach es aus mir heraus – vielleicht sollte es der Anfang einer Geschichte sein: »Ich habe eine Puppe, die laufen kann!« Diese Geschichte ist nun mehr als fünfzig Jahre alt, und eine solche Puppe gab es keineswegs. Bevor ich mich noch schnell aus der Affäre ziehen konnte, hatte mich meine Kontrahentin Annette erwischt: »Du lügst«, sagte sie in aller Klarheit. Nun gab es kein Zurück. Ich erfand noch einige Details, um die laufende Puppe glaubwürdiger zu machen. Annette war nicht zu überzeugen. Drohend sagte sie: »Ich frage deine Mutter!« Da ergriff mich eine große Angst, denn meine Mutter war eine harte, verbitterte Frau und ihre Reaktionen waren unberechenbar – und schmerzhaft. Einen Moment hoffte ich, Annette würde nur drohen. Aber sie erhob sich und lief schnell die zwei Etagen zu unserer Wohnung hinauf, klingelte an der Tür und überfiel meine verblüffte Mutter mit den Worten: »Die Angelika hat gesagt, sie hat eine Puppe, die laufen kann!« Und was sagt meine strenge Mutter? »Wenn die Angelika das sagt, wird das wohl stimmen!« Und sie schließt die Tür. Ich triumphierte, und meine Angst war verflogen.

Wenn Sie eine Sammlung solcher Geschichten besitzen, sind diese vielfältig zu nutzen. Sie können zum Beispiel jammernde Freundinnen damit erfreuen, in sich selbst das Gefühl entwickeln, dass das Leben es oft gut mit Ihnen gemeint hat. Sie können das warme Gefühl von Dankbarkeit genießen. Und Sie können dieses Gefühl nutzen, um die Angst zu regulieren. In Ihrer Sammlung haben Sie den Beweis für den Satz: »Es wird schon gut gehen!« Der stimmt nicht immer, aber sehr oft, wahrscheinlich viel öfter, als Sie denken.

Die Übung zu obiger Geschichte heißt also: Schreiben Sie eine Reihe von Situationen auf, in denen Sie Angst hatten, die aber gut ausgegangen sind.

Auch auf andere Art und Weise können Sie positive Gefühle selbst erzeugen und der Angst entgegensetzen: Räumen Sie den Keller, Ihren Kleiderschrank oder Ihren Schreibtisch auf, erledigen Sie etwas, das Sie schon lange vor sich her schieben. Erstens lenkt diese Tätigkeit Sie ab, zweitens sendet Ihr Gehirn anschließend bestimmte Neurotransmitter zur Belohnung aus, sogenannte Glückshormone, zum Beispiel Dopamin oder Serotonin. Es mag sich merkwürdig anhören, wenn Sie Ihrer Freundin erzählen: »Ich habe vor lauter Angst die ganze Wohnung geputzt, und dann war die Angst weg.« Probieren Sie es aus!

Realitätsprüfung

Eine besonders wirkungsvolle Form der Gefühlsregulation ist die Realitätsprüfung. Sie ist ein wenig mühsam, braucht Zeit und Geduld, aber es lohnt sich! Sie gehen dabei mit Ihren Ängsten um wie eine liebevolle Erwachsene mit einem ängstlichen Kind, dem Sie die Welt erklären. Die Realitätsprüfung bringt oft Beruhigung in Kinderängste. Sie ist so etwas wie ein helles Licht in einem dunklen Keller. Dieses Bild zeigt schon, dass Realitätsprüfungen wiederholt werden müssen. Denn selbst, wenn das helle Licht im Keller beweist, dass dort keine Gefahr droht – ist das morgen auch noch so? Schließlich war es zwischendurch dunkel. Es braucht also noch andere Kriterien, andere Fragen. Zum Beispiel: »War da ein Kellerfenster auf oder wie kann eine neue Bedrohung in den Keller gekommen sein, wenn doch gestern bei Licht alles in Ordnung war?« So fragen Sie Ihr inneres ängstliches Kind, immer wieder, bis es sicher ist, ohne Gefahr in den Keller gehen zu können.

Können Sie diese Geschichte auf einige Ihrer Ängste übertragen? Oder meinen Sie, so einfach sei es nicht. Dann folgt jetzt die Übung, die Ihre innere, gesunde, starke Erwachsene mit dem ängstlichen Ich-Anteil vornehmen kann, die Realitätsprüfung, wie sie Michael Balint vorschlägt. Realitätsprüfungen sind besonders wichtig, wenn wir keine klaren Vorstellungen von unseren Ängsten haben. Es kann gut sein, dass es sich um eine *Mischangst* handelt. So ist die Angst vor einem Gewitter real im Wald und auf freiem Feld, unter der berühmten Buche, die wir angeblich suchen sollen.

Es gibt eine Reihe einfacher Methoden, Gefühle zu regulieren, die Sie wahrscheinlich intuitiv anwenden:
- Sie können sich selbst gut zureden, wie eine liebevolle Mutter ihr Kind beruhigt.
- Sie können sich *etwas Gutes tun*: Das hilft am besten, wenn es körpernah ist, wie: Ihren Lieblingsduft riechen, einen heißen Tee trinken, eine Ölmassage, das Lieblingsessen kochen usw.

- Sehr hilfreich ist es auch, wenn Sie notwendige, lange aufgeschobene Aufgaben bewältigen. Die anschließenden Gefühle von Stolz und Erleichterung schwemmen alle Ängste hinweg, wenn auch nicht für immer, aber wir arbeiten daran. Und nie mehr Angst zu haben ist sowieso nicht das Ziel!
- Sie rufen jemanden an, der über Ihre Problematik Bescheid weiß. Hier ist es sinnvoll, gar nicht über die Angst zu reden, sondern einfach zu plaudern. Nennen Sie das nicht oberflächlich, es ist so beruhigend wie das Lied, das einem Kind zum Einschlafen vorgesungen wird.
- Und immer wieder: Denken Sie an etwas Schönes, mit Dankbarkeit.

Zum Abschluss dieses Kapitels noch einmal eine kleine Überprüfung von Gefühlen – in der Retrospektive:

Übung: Alles nicht so schlimm gewesen

Dies ist eine sanfte Form der Realitätsprüfung. Manchmal wird uns gesagt, wenn wir in Angst und Sorge sind: »Alles wird gut!« oder »Ist doch nicht so schlimm!« In akuten Situationen können wir solche Äußerungen kaum ertragen. Erstens ist (fast) nie alles gut, zweitens kann man nicht vorher wissen, ob es gut ausgeht. Die Äußerung: »Es ist doch nicht so schlimm« leugnet unsere gegenwärtigen Empfindungen und gibt uns eher das Gefühl, unverstanden und verlassen zu sein, nicht ernst genommen zu werden. Im Nachhinein sehen manche Situationen dann anders aus. Denken Sie an Zustände, in denen Sie sich gefürchtet haben, in Sorge waren, beunruhigt oder Schlimmeres. Und am Ende war es gut, es ist nichts passiert – oder es war nicht so schlimm wie befürchtet. Dabei kann es sich um eine Reise im Flugzeug ebenso handeln wie um einen Besuch beim Zahnarzt oder ein Gespräch mit dem Chef. Erinnern Sie sich häufig an solche Situationen und daran, dass Sie sie gemeistert haben – oder dass einfach das Befürchtete nicht eingetreten ist. So können Sie sich die beruhigenden Sätze in der nächsten oder übernächsten Krisensituation selbst sagen – und sich glauben!

An die obige Übung schließt sich ein weiterer Gedanke an. Wenn so oft *alles nicht so schlimm* gewesen ist, kann das auch für die Zukunft gelten! Die meisten in der Zukunft liegenden Ereignisse werden weniger schwer sein, als uns unsere Angst weismachen will. An dieser Stelle würde ich gern ein paar theoretische Überlegungen einschieben. Warum ist das so? Warum fällt es uns so schwer, der Zukunft gelassen oder sogar positiv entgegenzusehen? Ein Grund liegt in der archaischen Struktur unseres Gehirns. Ich sage dazu: Die Natur, die Evolution oder der liebe Gott haben ein Upgrade vergessen. Wir fürchten uns vor dem Fremden, Neuen und Unkontrollierbaren wie unsere ungeschützten Vorfahren vor zehntausend Jahren. Diese hatten (auch) keine Zeit, in Ruhe hinzusehen, was da auf sie zukam. Von den Mutigen, die das taten, ging ein Großteil des genetischen Materials verloren. Die Ängstlichen, die bei jeder kleinen oder nur scheinbaren Gefahr flohen, überlebten. Und deren Erbe tragen wir in uns. So können wir dem realen oder imaginären Säbelzahntiger entkommen, wir haben einen echten Nutzen von unserer Angst. Andere Menschen profitieren auch davon, nicht zuletzt wir Psychotherapeuten.

Ein Nutzen ist, dass wir in unserer Angst spannende Geschichten (in unseren Köpfen) erfinden, wir erhalten dadurch Aufmerksamkeit und Zuwendung von unseren Mitmenschen, auch noch, wenn diese schon längst ungeduldig geworden sind. Diese Zuwendung und Unterstützung sind vielleicht sehr angenehm, aber ist der Preis dafür nicht zu hoch? Und erhalten wir nicht auch Zuwendung, vielleicht sogar Bewunderung, wenn wir mit unserer Angst anders umgehen?

Diesem Zweck dient die folgende Übung:

> **Übung: Drama beenden**
>
> Der erste Schritt ist, das Problem zu konkretisieren. Benennen Sie die Situation ganz genau. Also nicht nur: »Ich habe Angst, in diesem Bewerbungsgespräch zu versagen«, sondern: »Ich weiß nicht genau, was von mir erwartet wird, das macht mir Angst.« Je genauer Sie das Problem benennen, umso leichter finden Sie Lösungen, (siehe Kapitel 12 *Aufgaben der Angst*).

Ist für Ihr Problem keine einfache Lösung zu finden, geht es folgendermaßen weiter: Nach der Situationsbestimmung sehen Sie sich Ihre Gedanken an. Diese merkwürdige Formulierung ist wörtlich gemeint. Sie blicken aus einer Beobachterposition heraus auf Ihre Gedanken. Sie wissen ja schon: Sie sind mehr als Ihre Gefühle – und eben auch mehr als Ihre Gedanken. Dieser Teil der Übung sollte nicht zu lange dauern, zu groß ist die Gefahr, in Gefühle zu versinken. Schreiben Sie einfach zwei oder drei Gedanken auf und machen mit dem nächsten Punkt weiter:
Hier stellen Sie sich die schmerzhafte Frage, deren Antwort alle Ihre Ängste beinhaltet: »Was kann schlimmstenfalls passieren? Was wäre das ganz große Drama?« Die Antwort soll ein einfacher Satz sein. Sollte dieser heißen: »Dann sterbe ich!«, brauchen Sie eine Unterbrechung, eine Übung zur Beruhigung, eine kleine Pause und eine Tasse Kräutertee.
Geht es Ihnen besser? Dann willkommen zurück – und weiter mit dem nächsten Schritt: Nun ist also das Drama (in Ihrer Fantasie) eingetreten. Wie geht es Ihnen damit einen Tag später, was haben Sie unternommen? Wie geht es Ihnen einen Monat später? Wie waren bis jetzt Ihre Aktivitäten? Fragen Sie sich das Gleiche noch für ein Jahr und vielleicht auch noch für drei Jahre. Wahrscheinlich ist das Drama in drei Jahren vollständig überwunden. Schreiben Sie alles auf, was Sie unternommen haben, rückblickend vom imaginären Standpunkt drei Jahre später aus. Beginnen Sie jetzt damit, das Notierte zu realisieren. Wenn es also möglich ist, dieses Drama tatsächlich zu überwinden, auch wenn es wehtut – kann es dann nicht von Anfang an heruntergeschraubt und entdramatisiert werden? Und zum Abschluss gestatten Sie sich die konstruktive Fantasie: Was ist das positive Ergebnis, also die (Auf-)Lösung dieser schwierigen Situation? Wie fühlt sich das an? Schwelgen Sie in dem Gefühl, dass alles gut ausgegangen ist und dass es in der Zukunft gut ausgehen kann.

Irrationale Ängste

Nicht real ist die Angst vor dem Gespenst, das unter unserem Bett liegt, oder vor dem Einbrecher, der hinter dem wehenden Vorhang steht, wenn Sie sich in der 7. Etage befinden. Nicht realistisch ist die Angst vor einem Blitz, wenn Sie sich in einem Gebäude mit Blitzableiter oder einem geschlossenen Auto (faradayscher Käfig) befinden.

In unserer Kindheit quälen uns oft irrationale Ängste. Da liegt etwas Bedrohliches unter dem Bett, oder der berühmte *schwarze Mann* könnte uns holen. Eltern benutzten früher diese Ängste zu Erziehungszwecken: »Wenn du nicht artig bist, dann …« Genau diese Drohung führt zu einer umfassenden Unsicherheit. Die Welt ist wirklich nicht immer ein beschützender Ort. Die größte Sicherheit ist die, die wir in uns selbst finden können. Irrationale Ängste hindern uns daran.

Übung: Welche Ihrer Ängste können Sie eindeutig als irrational bezeichnen?

Benennen Sie Ihre irrationalen Ängste. Was kann wirklich geschehen? Ist das, was ich befürchte, überhaupt möglich?

Wenn Sie diese Fragen beantworten können, sind Sie schon weit gekommen auf Ihrem Weg aus der Angst heraus.

Wenn Ihnen gar keine irrationale Angst einfällt (die meisten *Phobien* sind irrational), dann gehen Sie einfach mit der nächsten Übung weiter.

Übung: Dem Realitätsgehalt von Ängsten auf die Spur kommen

Diese Prüfung folgt in vier Schritten. Ich empfehle Ihnen, die Schritte wirklich nacheinander zu vollziehen, sich Zeit zu lassen. Sie können diese Übung auch an verschiedenen Tagen machen und sich zwischendurch mit anderen Themen beschäftigen. Dazu ist es hilfreich, sich Notizen zu machen. Ich spreche im Folgenden von Wahrnehmungen, dabei können Sie sich auf Ihre Ängste beziehen. Sie können aber auch noch andere Empfindungen mit dieser Übung untersuchen.

1. Schritt: Prüfen Sie, ob die Wahrnehmung von innen oder von außen kommt. Natürlich ist das Gefühl in Ihnen, keine Frage. Aber der Auslöser kann durchaus von außen kommen (wie die Trigger). Es kann sich um ein Geräusch oder einen Geruch handeln, eine erboste Stimme, einen Donner oder etwas Ähnliches, das Sie erschreckt. Ein innerer Auslöser sind ein Gedanke, ein inneres Bild, eine Erinnerung. Es kann sich aber auch um ein körperliches Phänomen handeln wie plötzlich auftretendes Herzklopfen, ein leichter Schwindel, ein trockener Mund.

2. Schritt: Wodurch wurde diese Wahrnehmung verursacht? Benennen Sie das Objekt direkt, folgern Sie es aus der Wahrnehmung. Damit gehen Sie einen Schritt hinter Ihr Gefühl: Woher kennen Sie es, wer oder was hat es zuerst ausgelöst? Hier brauchen Sie besonders viel Ruhe und einen Zustand der weitgehenden Angstfreiheit. Sie sollen hier nicht fühlen, sondern nur erinnern. Das geht in etwa so, wie wenn man ein Fotoalbum ansähe (Sie sind nur die Betrachterin!). Ist Ihnen diese Frage unklar? Sie bedeutet etwa: Wer oder was steht hinter Ihrer Wahrnehmung.

3. Schritt: Was bedeutet diese Wahrnehmung für Sie? Wie reagieren Sie? Bei Angst sind das zum Beispiel: Flucht, Vermeidung, Ablenkung, Verdrängung, Überspielen, Drogen, Alkohol oder auch Zigaretten. Eine wichtige Überlegung ist auch: Welchen Sinn hat diese Wahrnehmung für mich?

4. Schritt: In diesem Schritt kommen Sie endlich zur Lösung. Stellen Sie eine Beziehung zwischen Schritt eins und drei her und entwickeln Sie (zuerst in der Fantasie) eine angemessene Reaktion.

Zugegeben, das mag die schwierigste Übung in diesem Buch sein, sie hilft Ihnen aber auch zu einem tiefen Verständnis, einem Verständnis Ihrer Angst und der Sinnfrage, die sich vielleicht dahinter verbirgt.

Diese Übung zur Realitätskontrolle können Sie auch zur allgemeinen Gefühlsregulation verwenden.

7. Irrational, rational, moralisch – die Ängste der »Drei Fragezeichen«

In der psychologischen Theorie geht es oft um Phasen, Kategorien, Diagnosen und andere Differenzierungen. So mag es möglich sein, Freuds komplizierter Theorie der Ängste folgendes Schema zu entnehmen: Es gibt rationale, irrationale und moralische Ängste. Diese Aufteilung ist durchaus alltagstauglich und kommt auch in mancher meiner Ausführungen und Übungen in diesem Buch zur Anwendung. Zuerst möchte ich Ihnen ein Beispiel aus der Literatur vorstellen, genauer aus der Kinder- und Jugendliteratur, nämlich aus der Kultserie »Die drei ???«.

Es begann damit, dass ich, um meine Englischkenntnisse zu erweitern, Kinderbücher las, unter anderem The Mystery of the shuttering parrot (1964 zuerst veröffentlicht). Es ist das zweite Buch in der heute zweihundert Titel umfassenden Reihe und das erste der Hörspielfolge.

Peters irrationale Angst

> »That isn't a house I want to approach.
> It looks like a house full of locked rooms
> that shouldn't be opened.«
> *Pete Crenshaw*

Peter ist bekannt für seine irrationalen Ängste, er glaubt an Geistererscheinungen und allerlei Übersinnliches. Vorher war das Haus als renovierungsbedürftiges Haus in einem wilden Garten beschrieben worden. Leider wird nicht weiter darauf eingegangen, welche Ungeheuer er sich in den verschlossenen Räumen des Hauses vorstellt. Justus Jonas – in seiner amerikanischen Variante Jupiter Jones – weist ihn gleich darauf zurecht: »Panic is more dangerous than danger itself.« Und: »Fear robs the individual of the ability to make proper decisions.« Übersetzt etwa: »Furcht raubt uns die Fähigkeit, richtige Entscheidungen zu treffen.« Besser kann man sie kaum definieren, die irrationale Angst. Eine irrationale Angst beruht auf unterschiedlichsten Fantasien und lässt sich oft damit beschwichtigen, dass man die Realität abklärt. Die Geschichte mit dem Haus, hinter dessen verschlossenen Türen sich unheimliche Geheimnisse verbergen, erinnert mich an manche Ängste von Patienten.

»*So denke ich an einen Patienten, Herrn T., der eine extreme Höhenangst hatte. Diese zeigte sich im Besonderen im Gebirge, auf Brücken und Treppen mit offenen Stufen. Wegen eines massiven Erschöpfungszustandes beantragte er eine Kur – die prompt bewilligt wurde, und zwar in Altenburg. Er war erschrocken und erlitt eine Panikattacke. In der nächsten Therapiestunde berichtete er von seinem Unglück, er hatte sich kaum von seinem Schrecken erholt: »Ich kann doch nicht ins Gebirge fahren, das wissen Sie doch.« Ich las mir den Bewilligungsbescheid durch und erkannte ein ganz anderes Problem: Herr T. hatte Altenburg (in Thüringen) mit Altenberg (im Erzgebirge) verwechselt. Es gibt auch noch ein Altenberg im Sauerland. Altenburg liegt keinesfalls in irgendeinem Gebirge. Diese Klärung beruhigte Herrn T. ein wenig. Langsam bekannte er sich zu seinem eigentlichen Wunsch. Er wäre gern an die See gefahren und war enttäuscht darüber, dass sein Wunsch sich nicht erfüllt hatte. Wir klärten weiter: Ein Wunsch, von dem niemand weiß, wird sich wahrscheinlich auch nicht erfüllen. Natürlich hatte Herr T. wie alle anderen Versicherten das Recht, eine Klinik zu wählen. Er legte also Widerspruch ein und bekam eine Kur in Bad Doberan bewilligt. Das Interessante an dieser Geschichte ist, dass Herr T. nach seiner Kur nicht mehr unter Höhenangst litt. Wir konnten erarbeiten, dass diese sich aus mehreren Komponenten zusammengesetzt hatte, nämlich seinem sicheren (wenn auch ebenso irrationalen) Gefühl, niemand interessiere sich für seine Wünsche. Ein damit verbundener Aspekt war eine*

Aggression gegen seinen Vater, der die Familie immer wieder gezwungen hatte, Urlaube im Hochgebirge zu verbringen. Der Vater hatte waghalsige Bergtouren unternommen, auf denen er sich einige Male verletzt hatte. Obwohl wir nicht sicher waren, die Psychodynamik seiner Akrophobie vollständig aufgeklärt zu haben, freute Herr T. sich über seine neugewonnenen Freiheiten.

Irrationale Angst können wir oft auch als archaische Angst verstehen. Sie ist uralt und den Bedingungen unseres Lebens nicht mehr angemessen. Lapidar ausgedrückt: Es fehlen unserem Gehirn, besonders dem limbischen System und darin der Amygdala, das Wissen: Es gibt keine Säbelzahntiger mehr. (Die Amygdala ist der Teil des Gehirns, der bei potenziellen Gefahren Alarm schlägt.) Darwin hat erklärt, dass die ängstlicheren Wesen überlebten, weil sie sich rechtzeitig in Sicherheit gebracht haben. Der Neurobiologe Hüther erklärt in seinem Buch *Biologie der Angst*, dass dieses Programm immer noch erhalten sei, während die anderen Programme wie Mut, Neugier und Explorationsverhalten eher rückläufig wären. Natürlich sind nicht alle Vertreter mit diesen Programmen im Hirn ausgestorben. Trotzdem haben wir heute noch mehr Angst, allein im dunklen Wald eine Nacht zu verbringen als auf den Straßen einer Großstadt, wo rational gesehen viel mehr Gefahren lauern. Im Wald haben wir Angst vor Gespenstern, Hexen, Räubern – und Säbelzahntigern.

Justus' rationale Angst

Justus macht kluge Bemerkungen über Peters Ängste, manchmal wird er ungeduldig, aber er lacht den Zweiten Detektiv niemals aus. Natürlich hat er selbst auch Ängste, er lässt sich nur weniger davon bestimmen. Das zeigt folgendes Beispiel aus der Folge Die drei ??? und die brennende Stadt (Buch 169). Hier gibt es folgenden kleinen Dialog zwischen Peter und Justus. Peter: »Mit gefällt es [...] überhaupt nicht, in diese brennende Unterwelt hinabzusteigen«: Hier ist Peters Angst durchaus rational. Justus argumentiert trotzdem dagegen: »Direkt unter uns brennt es seit dreißig Jahren nicht mehr, ...« Peter: »Beruhigt dich das, Just?« – »Nein«, musste der Erste Detektiv zugeben. »Aber wir gehen trotzdem.« Justus tut das, was er für notwendig hält. Er ist dabei keineswegs blind für Gefahren. So weit können wir Justus' Umgang mit der Angst positiv finden. Er ist rational, und Justus bleibt dabei handlungsfähig. So etwa ist es, wenn wir Angst vor dem Zahnarzt haben. Natürlich gehen wir trotzdem hin, und meist sogar, wenn es notwendig ist und bevor uns starke Schmerzen keine Wahl lassen.

Diese Vernunft behält Justus auch in Gefahrensituationen bei. Peter wirft bisweilen seine Angst über Bord und läuft hinter dem Ganoven her, meist nach dem Ruf »Den schnapp' ich mir!« Er ist manchmal auch nicht davon zurückzuhalten, bewaffnete Böse anzugreifen, die den Jungen die gerade gefundene Beute wieder abjagen wollen. Dann sagt Justus: »Gib sie ihm, Peter.« Er findet (meist) einen anderen Weg als den gewaltsamen. Peter ist also ebenso irrational mutig, wie Justus' Mut rational, also *vernünftig* ist. Allerdings kennt Justus bei all seiner Intelligenz manchmal eine Grenze nicht, nämlich die der Moral. Er sagt gern. »Der Zweck heiligt die Mittel.« – Im Band Die drei ??? Straße des Grauens (Kosmos Buch 169, Hörspiel Folge 170) ist er durchaus bereit, eine Bank zu überfallen. An dieser Stelle gerät Justus in Konflikt mit dem Ehrgefühl des Zweiten Detektivs.

Die rationale oder auch reale Angst ist die vor einer wirklichen Gefahrensituation, also vor einem echten Tiger, zu dem wir nicht in den Käfig gehen würden. Real kann die Angst vor einer gewalttätigen Person sein oder vor der Reise in ein Land, vor der das Auswärtige Amt warnt. Wir haben vor fremden Hunden Angst und vor Gruppen von betrunkenen und lauten Jugendlichen. Diese Ängste sind wichtige Warnsignale, die wir nicht überhören sollten; sie beziehen sich auf reale Situationen, die wir bewältigen müssen. Dabei ist es wichtig, sich nicht von diesem Gefühl überschwemmen zu lassen. Wenn das passiert, ist ein gehöriger Anteil irrationaler Angst mit im Spiel. Rationale

Ängste stellen uns vor eine Aufgabe: Was ist zu tun? Wie können wir uns schützen? Eine weitere Form der (möglicherweise aber auch mit irrationalen Aspekten gemischten) Angst ist die vor drohenden Verlusten. Ja, wir können unseren Arbeitsplatz verlieren (rational). Wir werden aber nicht verhungern oder *alles verlieren* (irrational).

An dieser Stelle sei an den Silvester-Aphorismus von Erich Kästner erinnert: »Wird's besser? Wird's schlimmer? fragt man alljährlich. Seien wir ehrlich: Das Leben ist immer lebensgefährlich!«

Bob und die moralische Angst

Bob Andrews, der Dritte der ewig jungen Detektive, verantwortlich für Recherche und Archiv, ist klug, aufrichtig und vielleicht ein bisschen bieder. Er liest viel, möchte Reporter werden wie sein Vater und ist der Vermittler, wenn seine Kollegen in Streit geraten. Ungerechtigkeiten und Justus' gelegentliche Grenzüberschreitungen können ihn wütend machen. Besonders deutlich wird dies in Schattenwelt (Folge 175), in der Bob seinen Vater verdächtigt, an bösen Machenschaften beteiligt zu sein. Er spricht weder mit seinem Vater und erst sehr spät mit seinen Freunden über seine Zweifel. Bei Bob geht es weniger um Angst und Mut als um richtig oder falsch, gerecht oder ungerecht, erlaubt oder verboten. Und das Falsche, Ungerechte oder Verbotene macht ihm Angst. Diese Angst, die ich in dieser Dreiteilung *moralische* Angst nenne, kennen wir alle. Am deutlichsten wird sie in dem Gefühl, nichts falsch machen zu dürfen. Dabei muss das, was wir tun wollen, nicht unbedingt falsch sein. Es reicht auch, wenn es von für uns wichtigen Instanzen (Eltern, Peergroup) nicht akzeptiert wird. Dann haben wir Angst davor, erwischt zu werden. In diesen Bereich gehört auch die Angst, andere könnten sehen, wie wir wirklich sind; sie könnten unseren *Schatten* sehen, also die verborgenen Anteile unserer Person, die wir selbst nicht mögen.

Unter moralischer Angst verstehen wir solche Ängste wie die, nicht gut genug zu sein, etwas falsch zu machen, nicht liebenswert zu sein und so weiter. Zu den moralischen Ängsten kann man auch diejenigen zählen, hinter denen sich die Frage nach dem Sinn des Lebens verbirgt. Dazu gibt es einen Abschnitt im Kapitel *Kategorien der Angst*.

Natürlich ist der moralische Bob auch nicht widerspruchsfrei: In der Sonderfolge Hotel Luxury End (2006) fordert Bob den sportlichen Peter auf, einen schlafenden Wächter ohnmächtig zu schlagen. Als Peter sich wehrt, lenkt Bob ein: »Du hast recht, ich weiß auch nicht, wie ich auf die Idee gekommen bin.« In diesem Fall erlebt Bob so etwas wie einen Impulsdurchbruch. Mit dieser Aggressivität wehrt er seine Angst ab.

Moralische Angst ist eng verbunden mit Gefühlen wie Scham, Angst, etwas Falsches oder Unerlaubtes zu tun (»Darf ich das?«). Die Angst, bei etwas Falschem *erwischt* zu werden, beinhaltet schon die Gewissheit, etwas Falsches getan zu haben. Moralische Angst zeigt sich auch im Erschrecken über eigene negative, aggressive Fantasien. Gerade diese Angst wird gern verdrängt und kann dann zur Gefahr werden, wenn wir unsere eigenen unbewussten (weil verdrängten) *bösen* Gedanken projizieren und damit anderen Menschen unterstellen, eben diese Gedanken und/oder Absichten zu haben. In meinem Buch Versöhnung (Rohwetter 2017) habe ich diesen Mechanismus in dem Kapitel *Den Schatten kennenlernen* beschrieben.

Diese drei Angstformen zu unterscheiden, ist nicht ganz einfach. Oft versuchen Patienten, ihre irrationalen Ängste rational zu erklären. Und es ist schwer, dagegen zu argumentieren. Natürlich kann immer etwas passieren, wenn auch die Gefahr so winzig ist, dass die Angst sich nicht lohnt, weil sie uns vor nichts schützt. Dazu gehören Ängste vor Flugzeugabstürzen, Tod durch terroristische Angriffe und hypochondrische Ängste. Diese drei Ängste gehören zu einer Mischform, etwa 0,1–10 % rational, der Rest ist irrational.

> **Übung: Ängste in drei Kategorien**
> Wenn die obigen Unterscheidungen sehr schwierig oder zu tief gehend für Sie waren, benutzen Sie folgende Übung als Differenzierungshilfe. Machen Sie eine Liste, wovor oder aus welchen Gründen Menschen Angst haben *könnten*, eine ganz lange Liste. Darauf stehen auch solche Ängste, für die Sie kein Verständnis haben. Dann schreiben Sie hinter jede gefundene Angst einen Buchstaben, I für irrational, R für rational oder real und M für moralisch. Wenn Sie dann noch einen Schritt weitergehen möchten, fügen Sie hinter jedes Stichwort, das auf Sie zutrifft, ein Sternchen hinzu.

Am unbekanntesten erscheint Ihnen vielleicht die Vorstellung der moralischen Angst. Sie fühlt sich manchmal gar nicht wie Angst an. Eigentlich handelt es sich hierbei mehr um die Furcht davor, *erwischt* zu werden. Jedenfalls macht das Unbehagen, das auch schlechtes Gewissen genannt wird, uns unsicherer und damit zu einem einträglichen Objekt für Angstattacken. Deshalb empfehle ich folgende Übung (eher Überlegung) zu dem Thema: Ihre moralischen Ängste.

Rauchen Sie heimlich, sagen aber Ihrer Partnerin, Sie hätten es längst aufgegeben? Haben Sie ein heimliches Liebesverhältnis? Was ist unverzeihlich an Ihnen oder in Ihrer Vergangenheit? Ist es wirklich unverzeihlich? Würden Ihnen alle Menschen für immer den Rücken kehren, wenn sie Ihr Geheimnis wüssten?

Moralische Ängste verlangen nach einer Klärung im Sinne der Wiederherstellung der Kohärenz. Ihr Gefühl von Ganzheit und Integrität ist gestört. Das ist nicht lange auszuhalten, es kann zu weiteren Ängsten, merkwürdigen Verhaltensweisen und Depressionen führen. Diese Ängste aufzulösen ist weniger eine Frage der Moral als eine der Psychohygiene. Was also sollten Sie dringend klären in Ihrem Leben?

8. Angstlust

»Was wäre das Leben, hätten wir nicht den Mut, etwas zu riskieren?«
Vincent van Gogh

Hat Ihnen Angst nicht auch schon einmal Spaß gemacht? Finden Sie das eine merkwürdige Frage in diesem Buch? Das finde ich nicht, es geht mir sehr darum, der Angst ihren Schrecken zu nehmen. Die meisten Menschen würden sagen, sie wollen keine Angst spüren (müssen), am liebsten nie mehr. Dagegen sprechen die vielen *Vorzüge* der Angst, die Sicherheit, zu der sie auffordert, die sinnvollen Aufgaben, die sich in ihr verbergen können, und eben die Lust, die sie auch machen kann. Geisterbahn, Abfahrtslauf beim Skisport, Fallschirmspringen, Bungee Jumping – das alles hat Sie nie interessiert, nicht einmal in Gedanken? Fliegenkönnen nicht einmal im Traum? Bis hierher kann ich Ihrem Nein zu diesen Fragen noch folgen, wenn auch nicht ganz leicht – aber: Haben Sie nie einen spannenden Film gesehen? Ihren Lieblingsfilm vielleicht sogar mehrmals? Hat es Ihnen als Kind niemals Spaß gemacht, eine *Mutprobe zu bestehen*? Natürlich, die größere Lust mag die nach durchstandener Angst sein. Balint spricht hier von *Wonne*, die ein wesentlicher Bestandteil der Angst sei, ebenso wie die Erwartung, die Probe bestehen zu können. Michael Balint (1896–1970), ein ungarischer Psychiater und Psychoanalytiker, hat ein ganzes Buch über diese Angstlust geschrieben. Er unterscheidet die Angstlust deutlich von dem *Thrill*. Dieser schwer zu übersetzende englische Begriff (»Nervenkitzel«) bedeutet so etwas wie durchbohren. Dabei handelt es sich um eine übersteigerte Form der Angstlust, die durchaus Suchtcharakter aufweisen kann. Wie bei einer Sucht muss die Dosis gesteigert werden. Wir finden diese Sucht nach einem Thrill häufig bei jungen Menschen, die sich langweilen bzw. keinen Sinn in ihrem Leben sehen. (Siehe dazu *Viktor Frankl und die Frage nach dem Sinn*, S. 76.f.)

Der Thrill kann durchaus mit großer Gefahr verbunden sein, manchmal wird diese sogar absichtlich in Kauf genommen. Diese Art von Angstlust, bei der riskante Handlungen die Frage nach der Sicherheit nicht mehr stellen, bezeichnet Balint als psychopathisch. Angstlust ist etwas, bei dem man sich freiwillig einem Risiko oder einer Gefahr aussetzt, wobei man zuversichtlich sei, dass »die Furcht werde durchgestanden und beherrscht werden können, und die Gefahr werde vorübergehen, darauf vertraut, daß man bald wieder unverletzt zur sicheren Geborgenheit werde zurückkehren dürfen«. (Balint 1999, S. 20)

Diese Art von Lust erinnert an die Freude kleiner Kinder, hochgeworfen zu werden oder aus großer Höhe zu springen und dann sicher wieder in den Händen des Erwachsenen zu landen. Hierfür prägt Balint den Begriff der *friedlichen Weite* (Menschen, die gern reisen, werden diesen Begriff intuitiv verstehen).

Wenn ich Sie auffordere, nach dem Lustanteil Ihrer Angst zu suchen, meine ich natürlich nicht den Thrill. Balint bringt die Angstlust nicht zufällig mit der Regression zusammen. Es ist eine kindliche Lust, die bei vielen Erwachsenen nachlässt – oder sublimiert wird, also umgewandelt in Energien auf eine gehobenere Ebene, wie zum Beispiel bei einer Abenteuerreise oder bei einem Überlebenstraining im Wald. Oft lässt sich auch das ambivalente Gefühl, das uns überkommt, wenn etwas Neues, Unbekanntes auf uns zukommt (neue Stelle, Umzug, erster Kontakt zu einer neuen Gruppe), als Angstlust definieren. So gibt es durchaus nicht nur Prüfungsängste, sondern auch Angstlust vor einer Prüfung. Auch das Zuschauen kann Angstlust erregen, sei es bei gewagten Kunststücken im Zirkus oder bei Autorennen.

Denken Sie an den wiederholten Hinweis, Erlebtes zu Ende zu denken oder zu erzählen. Dann kann sich die Lust einstellen, auch wenn die ursprüngliche Situation bedrohlich oder eben beängstigend war. Es kann sich im nachträglichen Betrachten sogar herausstellen, dass das Risiko absichtlich eingegangen wurde, um diesen Erfolg erleben zu können. Jede bestandene Gefahrensituation bringt viel intrinsische Belohnung. Darunter versteht man das Gefühl, etwas schaffen zu können, sicher zu sein in der Welt, und damit entsteht aus sich selbst heraus eine Motivation. Mit dieser Motivation fällt es uns immer leichter, Herausforderungen anzunehmen.

Die Angstlust steht also in der Mitte von Angst und Lust, beide Gefühlsanteile können gleichzeitig auftreten (zum Beispiel in der Achterbahn) oder nacheinander, wie bei der bestandenen Mutprobe, oder anderen, erfolgreich abgeschlossenen Unternehmungen, Prüfungen, erste Begegnung mit der Mutter des Liebsten, Bewerbungsgespräche.

Dass Angst auch Lust enthält oder sich in Lust verwandeln kann, ist eine wichtige Erkenntnis auf dem Weg, mutig zu werden. Hier noch einmal eine Zusammenfassung: Während der Thrill eher durch eine innere Leere (Sinnsuche) motiviert ist, ist die Angstlust selbst eine Motivation, das Leben und die damit verbundenen Abenteuer anzugehen – mit der inneren Sicherheit, dass die Aufgaben zu bestehen sind. Überstandene Erlebnisse dieser Art können wichtige Impulse sein, weitere Leistungen (sowohl im Sport als auch in sozialen Zusammenhängen) zu erbringen. Helfer und Journalisten in Krisengebieten kennen diese Angstlust durchaus als eine Antriebsfeder.

Folgende Geschichte zur Angstlust verdanke ich einem jungen, sehr introvertierten, schüchternen Patienten, Herrn A. Er erzählt:

Der Keller

»*Wir haben in einem Mehrfamilienhaus gelebt, unsere Wohnung war die kleinste, obwohl ich noch drei Geschwister hatte. Dann wollte eine andere Familie ausziehen, und wir sollten deren Wohnung bekommen. Ich mochte diese Familie nicht, die Kinder waren älter als ich und quälten mich. So war ich froh über deren Auszug. Als der Möbelwagen beladen wurde, wollte ich mein Fahrrad in den neuen Keller stellen, damit es nicht aus Versehen aufgeladen werden würde. Außerdem sollte in dem neuen größeren Keller die Modell-Eisenbahn meines Vaters aufgebaut werden. Die Kellertür stand offen und, ich stellte fest, dass der Keller voller Gerümpel war – und das war nicht unseres! So ging ich mit klopfendem Herzen zu unseren Nachbarn und sagte: ›Machen Sie doch bitte den Keller auch noch leer!‹ Meine Knie zitterten, schließlich war ich erst zehn Jahre alt. Gleichzeitig war ich stolz auf mich. Tatsächlich war am nächsten Morgen der Keller leer und sogar ausgefegt. Meine Mutter erzählte dann noch, die abreisenden Nachbarn hätten sich darüber beklagt, ich sei frech gewesen (dabei hatte ich doch bitte gesagt!). Jedenfalls hätte sie sich nicht getraut, die Nachbarn aufzufordern, den Keller zu räumen! Ich war sehr stolz – und hatte ganz vergessen, wie viel Angst ich beim Klingeln an Nachbars Tür gehabt habe.«*

Herr A. schöpft heute noch Kraft und Anregung aus dieser Geschichte. Sie hat ihm bei der Bewältigung aktueller Ängste geholfen. So konnte er sich sagen: »Wenn ich mit zehn Jahren den Mut hatte, einen übellaunigen Nachbarn dazu aufzufordern, unseren Keller zu räumen, kann ich heute auch den Chef um eine wohlverdiente Gehaltsaufbesserung bitten!«

Von einem, der auszog, das Fürchten zu lernen

Eine schöne Geschichte von einer Angstlust, der Sehnsucht nach einem *(wohligen) Gruseln* ist das Märchen aus der Sammlung der Gebrüder Grimm *Von einem, der auszog, das Fürchten zu lernen*. Erinnern Sie sich an dieses Märchen? Es enthält viele Aspekte zum Thema Angst. Die Geschichte handelt von einem jungen Mann – er wird als einfältig bezeichnet –, der sich nichts anderes wünscht, als dass es ihn einmal gruselt. Er kennt das Gefühl der Angst nicht, hat aber eine Ahnung, dass ihm da ein Aspekt fehlt. Aus diesem Grund unternimmt er eine Reihe von Mutproben. Er besteht Abenteuer, an denen viele andere gescheitert sind, ohne Angst zu empfinden. Obwohl er so die Prinzessin erobert, bleibt seine Sehnsucht, die er sogar in der Hochzeitsnacht verkündet: »Ach, wenn mir's nur gruselte!« Seine Ehefrau erlöst ihn auf den Rat einer Kammerfrau folgendermaßen: Nachts, als der junge König schlief, musste seine Gemahlin ihm die Decke wegziehen und einen Eimer voll mit kaltem Wasser und Gründlingen über ihn ausschütten, sodass die kleinen Fische um ihn herum zappelten. Da wachte er auf und rief: »Ach, was gruselt mir, was gruselt mir, liebe Frau! Ja, nun weiß ich, was Gruseln ist.«

Zu diesem Märchen gibt es die unterschiedlichsten Interpretationen. Die eine ist schon genannt worden: Zu einem gesunden erwachsenen Menschen gehören Ängste und die Erfahrung, Ängste bewältigen zu können. Man kann auch vermuten, dass der Jüngling durchaus schon Angst empfunden hat, dieses Gefühl aber nicht benennen konnte. Dies ist ein Phänomen, das Psychotherapeuten kennen. Eine andere Interpretation ist die, dass der Jüngling an massiven unbewussten Ängsten leidet und all seine Mutproben Bewältigungs- und Verarbeitungsversuche sind.

Sicher ist es nicht angenehm, im kalten Wasser umgeben von kleinen zappelnden Fischen aufzuwachen. Trotzdem ist das Gruselgefühl des jungen Königs eher dem Gruseln in der Geisterbahn gleich als einer wirklichen Angst. Er hat also die Angstlust entdeckt.

Und wie steht es mit Ihrer Angstlust? Diese Frage haben Sie sicher erwartet. Hier also die erste Übung zu diesem Thema:

> **Übung: Tagebuch der Angstlust**
>
> Schreiben Sie alles auf, was Ihnen dazu in Verbindung mit Ihrem eigenen Erleben einfällt, dazu gehören Ihre eigenen kleinen Heldentaten ebenso wie alles, was Sie gehört, gelesen oder gesehen und was Sie bewundert haben. Lassen Sie einige Seiten frei, bevor Sie den Platz für eine der nächsten Aufgaben verwenden. Ich vermute, dass Ihnen im Laufe der Zeit immer mehr Geschichten voll lustvoll erlebter Angst einfallen. Suchen Sie an dieser Stelle nicht nach großen Heldentaten – lieber viele kleine finden! Große Heldentaten werden sowieso überschätzt, sie sind in unserem Alltag selten gefragt. Und außerdem: Ob eine Heldentat groß oder klein ist, entscheidet sich an der Frequenz der Herztöne, die ihre Ausführung hervorruft. Wichtig bei dieser Aufgabe ist es, großen Wert auf das Ende zu legen. Erzählen Sie ausführlich vom Erfolg, der Freude, dem Stolz. Nicht die Angst, das (gute) Ende soll sich in unserem Gehirn verankern. Und wenn Sie das Gefühl haben, es gäbe in Ihrem Leben keine solchen Geschichten: Vielleicht sind diese Geschichten tatsächlich vergraben. Oder Sie möchten noch nicht auf den Nutzen von Angst verzichten.

Angstlust bei Katastrophen

Vielleicht sind Sie verwundert über diese Überschrift in einem psychologischen Ratgeber. Mir ist es wichtig, Sie darauf aufmerksam zu machen, dass wir nicht nur unsere persönlichen Ängste zu bewältigen haben.

Im Bereich der Angstlust gibt es eine andere Form, die in den letzten Jahren um sich greift, oder sind es schon Jahrzehnte? Ich spreche von der Lust am echten Schrecken, an furchtbaren Dingen und am Leid anderer Menschen. Die langsam fahrenden Autos auf der Gegenfahrbahn sind nur ein kleines Beispiel, da kann es sich (auch) noch um einen echten Schrecken oder ein wirkliches Interesse handeln (»hoffentlich gab es keine Verletzten«). Wie viele Millionen Male wurden Videos vom Einsturz der Twin Towers angesehen? Wie viele Menschen haben die Aufnahmen der Morde von Christchurch angeklickt? Und was passiert mit und in den Menschen, die dieser Leidenschaft folgen? Da das ein noch wenig erforschtes Feld ist, kann ich hier nur Vermutungen äußern: Vielleicht dient diese Art der Neugier dem Überspielen der eigenen Angst, vielleicht drückt sich auf etwas morbide Weise die Dankbarkeit aus, selbst davongekommen zu sein? Vielleicht bringt auch die Besichtigung des Unglücks anderer Spannung in unser Leben, solange wir uns selbst nur in Sicherheit fühlen. Das erinnert mich ein wenig an den Satz: »Wenn wir Glück haben, sehen wir einen Unfall«, ich glaube, er ist aus Asterix in Lutetia.

Diese Art von Spannung und Angstlust ist eine gefährliche Verwechslung von Realitäten und anderen, lustvollen Möglichkeiten, sich zu gruseln.

Die Bereitschaft der Menschen, sich *öffentlichen* Ängsten auszusetzen, ist ausnutzbar – und wird skrupellos ausgenutzt, das haben wir besonders erlebt nach den Zuwanderungen der Flüchtlinge 2015.

Ganze Verlage, Fernsehanstalten und Internetanbieter leben davon, eine solche Angstlust zu schüren, auch renommierte Institutionen. So zeigt zum Beispiel das Zweite Deutsche Fernsehen mit seinen Nebensendern (ZDF-Info) rund um die Uhr Dokumentationen über Verbrechen jeder Art. Diese Berichterstattung ist deshalb gefährlich, weil sie das allgemeine Gefühl schürt, dieses Leben sei völlig unsicher und wir müssen uns schützen. Das Schöne, das Bunte, Interessante und Lustvolle, das das Leben auch noch bietet, findet in den Medien wenig Raum. Dabei geht es uns doch gut! Es war nie besser! Diese lapidaren Sätze zu untermauern, hat der Journalist Walter Wüllenweber ein ganzes Buch geschrieben, das er *Frohe Botschaft* genannt hat. Die Behauptung, dass es uns nie besser gegangen ist als jetzt, will keineswegs aktuelle Problematiken leugnen, sondern darauf hinweisen, dass es auch andere Seiten des Lebens gibt. Dies zu wissen, kann uns Kraft schenken, etwas zu verändern, während die Angst uns lähmt.

Es ist durchaus wichtig zu prüfen, woher unsere Angstlust kommt – aus dem reinen Vergnügen, etwas anscheinend Gefährliches zu tun mit dem sicheren Wissen, dass uns nichts passieren kann? Aus der Lust an etwas Verbotenem? Oder gar von der Freude, die Qual eines anderen Menschen zu sehen? Geht es um ihre sadistischen Persönlichkeitsanteile? Dann wäre es zu empfehlen, diese aus ihrem Schatten zu befreien, bevor sie größeren Schaden anrichten. Über die Arbeit mit dem Schatten finden Sie Hinweise in meinem Buch *Versöhnung*. Die eigenen Schattenanteile lösen durchaus auch Angst aus, indem wir zum Beispiel unbewusst anderen Menschen unterstellen, uns das anzutun, was sich in uns als aggressives Potenzial verbirgt. Das nennt man Projektion. Deshalb folgt zum Abschluss des Kapitels eine wichtige Übung zur inneren Betrachtung. Niemand muss lesen, was Sie in Ihr Arbeitsbuch schreiben, Sie dürfen also ehrlich sein.

Übung: Meine Lust an der Angst

Beschreiben Sie Situationen, in denen Sie Angst empfunden haben, die sich laut äußern konnte (Achterbahn) oder die ein angenehmes, leichtes Gruseln machte, zum Beispiel Wege im Ganzdunkeln zu gehen, wie im Hamburger Museum *Dialog im Dunkeln*. Ähnliches gibt es in verschiedenen Städten und ist eine gute Erfahrung in der Überwindung von Ängsten, denen die Angst vor Kontrollverlust oder auch irrationale Fantasie-Ängste zugrunde liegen. Vergessen Sie auch nicht das gemischte Gefühl, das Sie bei einem Unfall spüren (s. oben: Asterix).

Versuchen Sie, zu jeder kleinen Szene Ihre Gefühle genau zu beschreiben, sie sind sicher immer eine Mischung verschiedener Gefühle. Und suchen Sie dann nach Hintergründen, nach Ursachen oder Beteiligung folgender Aspekte: Langeweile, Unterhaltung, Mitgefühl, Sinn, Schadenfreude, Ärger, Ungeduld, Verständnis, Erleichterung. Einige dieser Gefühle gehören zu Ihrem Schatten, zu verdrängten Ich-Anteilen, von denen Sie gar nicht wissen wollen, dass es diese in Ihnen gibt. Sie zu finden und zu akzeptieren macht Sie klarer und mutiger.

9. Ängste und ihre Hintergründe

Unter dem Titel *Grundformen der Angst* erschien 1961 ein Buch des Psychologen Fritz Riemann. Vieles darin – einschließlich der Fachbegrifflichkeiten – mag überholt sein. Es hilft uns, unsere Mütter oder Großmütter besser zu verstehen, die Fallbeispiele Riemanns sind interessante Zeitdokumente. Es gibt einen weiteren Grund, sich mit diesem Buch zu beschäftigen. Riemanns systematischer Überblick über die angsterzeugenden Psychodynamiken ist nicht überholt. Er unterscheidet vier verschiedene entwicklungspsychologische Hintergründe von möglicher Angstentstehung und ordnet sie den entsprechenden Entwicklungsphasen zu. Je nach dem Alter des Kindes, in dem die Angst entsteht, entwickeln sich verschiedene Persönlichkeitstypen. Wir finden viele Mischformen, da in allen Entwicklungsphasen neue Ängste entstehen können. So können Sie sich möglicherweise in mehreren Abschnitten des folgenden Kapitels wiedererkennen.

Riemann unterscheidet die Formen der Angst nach Grundängsten. Diese benennt er so: Angst vor Hingabe, vor Selbstwerdung, vor Veränderung und vor der Notwendigkeit. Die Bezeichnungen beziehen sich nicht auf die realen Ängste oder Phobien, sondern auf deren Hintergründe. So kann uns Riemanns Theorie helfen, unsere Ängste besser zu verstehen, das bedeutet zu begreifen, wie sie in unserem frühen Leben entstanden sein können. Seien Sie neugierig. Und viel Spaß bei der *Selbsterkenntnis*, die liebevoll, mitfühlend und einfach annehmend sein möge.

Mit den Übungen dieses Kapitels bearbeiten Sie nicht nur die akuten Angstsituationen, sondern auch die angstauslösenden Hintergründe, die in der Regel unbewusst sind.

Die Angst vor der Abhängigkeit

Jedes Kind ist anfangs ein abhängiges kleines Wesen, empfindsam und verwundbar. Es braucht gleichzeitig Zuwendung, Versorgung und die Möglichkeit, sich zu einem autonomen Menschen zu entwickeln. Dazu gehört zum Beispiel beim Säugling, dass er gestillt wird, wenn er Hunger hat – und nicht nach einem Zeitplan. Mangel an Versorgung kann tiefe, sogenannte Urängste auslösen: Auf die Menschen ist kein Verlass, ich bin nicht sicher. Es gibt auch eine Quelle von Ängsten, die genau entgegengesetzt ist: Eine Mutter, die selbst sehr unsicher und bedürftig ist, genießt die Abhängigkeit ihres Babys und versucht, sie so lange wie möglich zu erhalten. Sie schmückt sich mit ihrem Kind, bezieht daraus ein gewisses Selbstwertgefühl. Wird das Kind selbstständig, so verliert die Mutter das Interesse an dem Kind.

So erzählte mir eine Patientin, die das sechste Kind ihrer Mutter war: »Meine Mutter war gern schwanger und mochte ihre Babys. Nach einer Weile – meist so mit zwei Jahren – wurden sie ihr weggenommen. Eines meiner Geschwister ist adoptiert worden, zwei sind zu den Großeltern gekommen, zwei leben bei ihren Vätern. Ich war das letzte Kind. Mein Vater verlangte von meiner Mutter, dass sie von nun an kein weiteres Baby bekäme. So blieb ich allein bei ihr. Sie war oft ungeduldig mit mir. Immer musste ich überlegen, wie ich sein, wie ich mich verhalten muss, damit sie mich noch lieb hat.«

Das ist sicher eine schwere Geschichte, aber die letzten Sätze habe ich oft gehört. Ein Kind fühlt sich nicht nur verantwortlich für das Glück der Mutter, sondern auch dafür, dass die Mutter es liebt. Es muss *nur* brav sein, darf keine Ansprüche stellen, keine Gefühle, besonders nicht aggressiver Natur, zeigen.

Wir haben es mit zwei unterschiedlichen Situationen zu tun, mit Vernachlässigung und mit emotionalem Missbrauch. Beiden Fällen ist gleich, dass sich niemand für die Gefühle des Kindes interessiert – und dass der Versuch, diese mitzuteilen, in irgendeiner Weise bestraft wird. Das Leben ist gefährlich – und es ist gefährlich, eine eigenständige, fühlende Persönlichkeit zu werden. Früh finden Kinder Lösungen, die ihr Überleben erleichtern: Sie verdrängen Versorgungswünsche und spalten Gefühle ab. Ich habe eine Patientin sagen hören: »Als ich noch keine drei Jahre alt war, habe ich beschlossen, nicht mehr zu weinen.« Vor dieser Abwehr entwickelt sich das Gefühl, niemanden zu brauchen, lieber in Distanz zu bleiben.

Auf diesem Hintergrund entwickelt sich die Angst vor der Abhängigkeit: »Wenn ich mich zu sehr auf einen anderen Menschen einlasse, drohen mir verschiedene Gefahren: Entweder werde ich enttäuscht – weil mich ja niemand so lieben kann, wie ich wirklich bin –, oder ich muss mich aufgeben. Vor allem darf ich meine Gefühle nicht zeigen. Ich brauche Abstand, und das Alleinsein ist sicherer für mich.«

Die Ängste sind: nicht ernst genommen zu werden, etwas falsch zu machen, Anforderungen nicht erfüllen zu können, sich verändern zu sollen. Diese Personen leiden außerdem darunter, nicht vertrauen zu können: Zuwendungen, die ein Partner ihnen entgegenbringt, werden oft als Nötigung angesehen: »Wenn du so nett zu mir bist, willst du bestimmt etwas.« Enge Beziehungen werden schnell als Selbstaufgabe erlebt.

Natürlich brauchen alle Menschen die schützende Fähigkeit zur Selbstbewahrung. Für die Persönlichkeit mit der in frühester Kindheit entstandenen Angst vor der Abhängigkeit steht sie im Vordergrund. Ziel für diese Menschen ist es, die Erfahrung zu stabilisieren, dass die Gefahren der Welt überschätzt worden sind und es genügend Mitmenschen gibt, denen man vertrauen kann. Im Folgenden finden Sie drei Übungen, die besonders hilfreich sind, wenn Sie Anteile dieses Persönlichkeitstypus an sich entdeckt haben. Natürlich passen auch viele Übungen aus anderen Kapiteln für Sie, besonders die meditativen Übungen.

> **Übung: Hilfe anbieten und annehmen**
> Wie die Überschrift zeigt, handelt es sich um eine zweischrittige Übung. Bieten Sie Ihre Hilfe an! Nicht zu häufig, damit Sie Zeit haben, Ihre eigenen Gefühle dabei zu entdecken. Und achten Sie auf Ihr Gegenüber – meist wird es Erstaunen und Freude zeigen. Können Sie das Gefühl genießen, Freude in einem anderen Menschen ausgelöst zu haben? War das nicht immer schon Ihr Wunsch? Haben Sie vielleicht Angst gehabt, andere Menschen würden Ihr Hilfsangebot ablehnen oder abhängig von Ihnen werden und Sie dann zu sehr vereinnahmen? Spüren Sie dieser Angst nach. Endlich wird sie klar fühlbar. Und dann gehen Sie zur zweiten Hälfte der Übung:
> Nehmen Sie Hilfe an, wo sie Ihnen angeboten wird. Sagen Sie nicht mehr: »Es geht schon« oder »Ich kann das allein«. Nicht jedes Hilfsangebot stellt Ihre Kompetenz infrage. Manche Dinge lassen sich einfacher bewältigen, wenn man es nicht allein tut. Noch intensiver ist die Erfahrung, wenn Sie um Hilfe bitten, zum Beispiel einen Arbeitskollegen, einen Dienst mit Ihnen zu tauschen, weil Sie ... (ein Grund wird Ihnen schon einfallen), oder eine andere Kollegin, Ihnen die neue Software zu erklären.

Es ist nicht besonders schwierig, über gegenseitige Hilfe Kontakte aufzubauen. Hilfe zu bekommen oder zu geben ist aber nicht der einzige Sinn von Kontakten. Zu schnell entsteht das einseitige oder auch gegenseitige Gefühl des Ausgenutztwerdens. Viele Menschen kennen (oder benutzen) den Satz: »Du meldest dich nur, wenn du etwas willst.« Gerade Menschen mit schizoiden Persönlichkeitsanteilen fällt es schwer, Sympathie und Vertrauen zu erkennen, wenn sie ihnen entgegengebracht werden. Also übertreiben Sie es mit der Hilfe-Übung nicht, nicht einmal mit dem Annehmen von Hilfe. Das nämlich kann in einen schizoiden Teufelskreis führen: Ich nehme Hilfe an – ich brauche Hilfe, also bin ich abhängig, also muss ich den Kontakt abbrechen. Ich schaffe es auch allein. Auch hier kann Ihnen das Gefühl zu Hilfe kommen. Wenn Sie den Impuls haben, einen Kontakt aus den eben genannten Gründen abzubrechen, tun Sie es nicht! Nehmen Sie diesen Impuls als Hinweis, Nähe und Distanz neu zu justieren: Etwas näher, als es üblicherweise für Sie angenehm ist – und etwas distanzierter, als es jetzt ist, wo es grade unangenehm wird.

Ein schönes Bild für diese Nähe-Distanz-Bewegung gibt die folgende Fabel:

Stachelschweine im Winter

In einem kalten Winter rückt eine Gruppe von Stachelschweinen eng zusammen, um nicht zu frieren. Sie verletzen sich dabei sehr. Erschreckt entfernen sie sich weit voneinander, nur um dann wieder zu frieren. Sie probieren das Spiel mit Nähe und Distanz so lange, bis sie weder frieren noch sich verletzen. Diesen Abstand nannten sie Höflichkeit und gute Sitten.

Höflichkeit und gute Sitten, auch Konventionen genannt, gesellschaftliche Übereinkommen sind eine gute Basis für menschliche Kommunikation. Zusammen mit Mitgefühl und Hilfsbereitschaft gibt es schon ein sinnvolles Zusammenspiel. Was Beziehungen wirklich dauerhaft stärkt, ist gemeinsam erlebte Freude, mehr noch als gemeinsam durchgestandenes Leid.

Übung: Freude teilen

Das Teilen von Freude stabilisiert die Beziehungen. Das hört sich leichter an, als es ist. Es funktioniert nicht als Taktik. Bedingung ist, dass beide Lust haben auf das, was sie gemeinsam tun wollen – und Lust daran, das miteinander zu tun. Dazu braucht es vor allem offene Augen und Ohren. Eine Bekannte möchte ein Konzert besuchen, das Sie auch interessiert? Sie haben einen neuen Biergarten am Fluss entdeckt? Verabreden Sie sich! Natürlich dürfen Sie auch weitere schöne Dinge allein erleben. Das erhält Ihre Eigenständigkeit und gibt Ihnen Material zu erzählen, wenn Sie verabredet sind.

> **Übung: Gefühle mitteilen**
>
> Das ist es, was Personen mit schizoiden Anteilen am schwersten fällt, nämlich über ihre Gefühle zu sprechen. Besonders (Versagens-)Ängste und Hilflosigkeit müssen geheim bleiben. Und gerade hier ist der wirkungsvollste Ausweg aus der Problematik: Sprechen Sie über Ihre Gefühle! Das darf aus Übungsgründen ganz anonym sein, zum Beispiel über die Telefonseelsorge (Rufnummer 0800/111 0 111 oder 0800/111 0 222), dort ist sogar ein Kontakt per Mail möglich. Wenn Sie gute Erfahrungen wie Verständnis, Erleichterung oder gar die Lösung eines Problems erfahren haben, versuchen Sie es am lebendigen Objekt. Wäre es sehr schlimm, wenn Sie einem Kollegen mitteilten, dass Sie sich gerade überfordert fühlen und (ein bisschen) Angst haben, diese Aufgabe zu schaffen?

Kleine Schlussbemerkung: Natürlich können Sie nicht allen Menschen trauen, aber den meisten. Wilhelm Busch fasst das so treffend zusammen:

»Wer andern gar zu wenig traut, hat Angst an allen Ecken;
wer gar zu viel auf andre baut, erwacht mit Schrecken.«

Menschen mit ausgeprägten schizoiden Persönlichkeitsanteilen sind allerdings wenig gefährdet, zu viel zu vertrauen und zu viel von anderen zu erwarten!

Die Angst vor dem Alleinsein

Diese Angst ist das genaue Gegenteil von der oben beschriebenen Angst. Jede Distanz, sei es in Freundschaften, im Beruf oder in der Partnerschaft, führt zu heftigen Verlustängsten, dem Gefühl, ungeborgen und allein in der Welt zu sein. Die Vorstellung von freier Selbstentwicklung ist verbunden mit dem Gefühl von Einsamkeit. Die Distanz, das Trennende, also das, was die Spannung in einer Beziehung ausmacht, das Anderssein des Partners, wird als Bedrohung empfunden. Schon die Vorstellung, allein gelassen zu werden, kann tiefe Depressionen auslösen. Um diesen Gefühlen zu entgehen, macht sich die Person abhängig. Sie ist stets bemüht, die Wünsche des Partners zu erfüllen und seinen Erwartungen zu entsprechen. Ihr Motto könnte lauten: »Ich tu alles, was du willst, wenn du nur bei mir bleibst.«

Dieser Satz beschreibt auch den entwicklungspsychologischen Hintergrund. Es handelt sich offensichtlich um einen Menschen, der sich schon in früher Zeit der Liebe seiner Mutter nicht sicher sein konnte. Das kann z. B. bei einer depressiven oder überforderten Mutter der Fall sein, in deren Augen das Kind keine Erwiderung seiner Gefühle sieht. Der Psychoanalytiker Heinz Kohut sprach vom *Glanz im Auge der Mutter*, der in dem Säugling ein Selbstwertgefühl anlegt.

Damit haben wir ein Stichwort für eine wichtige Übung, die Menschen mit großen Verlassenheitsängsten eine erste Hilfe bieten kann:

Übung: Der Glanz im Auge der anderen

Nehmen Sie sich einen Moment Zeit für eine Überlegung: Wer freut sich, Sie zu sehen? Denken Sie einfach an die Namen und Gesichter dieser Personen, an ihr Lächeln. Bitte keine Zensur ausüben, indem Sie die Motivation dieser Personen hinterfragen. Fangen Sie in Ihrer Kindheit an: Eltern, Tanten, Nachbarn, Großmütter, Kindergärtnerin, Lehrerin, Mitschüler, erste Liebe – bis hin zu Arbeitskollegen und den eigenen Kindern. Lassen Sie diese Personen sich um sie versammeln. Niemand mag Sie? Und warum freuen sich diese Menschen über Ihre Anwesenheit?

Natürlich ist der Preis, den in dieser Weise abhängige Menschen bezahlen, sehr hoch. Wir alle sind in unseren Beziehungen abhängig, schließlich ist niemand eine Insel. Geht unsere Verlustangst über ein gewisses Maß hinaus, bezahlen wir mit dem Verzicht auf unsere Individuation, also die Entwicklung und Reifung unseres Selbst, dem Verzicht auf die Erfüllung ureigener Wünsche. Sagt sich das Kind: »Wenn ich draußen mit meinen Freunden spiele, ist die Mama traurig«, heißt es vielleicht beim Erwachsenen: »Wenn ich allein verreise, ist wahrscheinlich mein

Partner bei meiner Rückkehr verschwunden.« Gleichzeitig wachsen Gefühle wie Neid und Mangel. »Das Leben ist ungerecht und bleibt mir etwas schuldig.«

Der Kampf um Zuneigung und Geborgenheit muss manchmal ein Leben lang gekämpft werden – oft sogar der Kampf um die Liebe der Mutter.

»*Ich denke da an Frau K., der von ihrer Mutter vorgeworfen wurde, am Unglück ihres Lebens schuld zu sein. Die Mutter hatte einen ungeliebten Mann heiraten müssen, weil der Kindsvater bereits eine Familie hatte. Da dieser Mann für seine Rettungstat Dankbarkeit erwartete, die er nicht bekam, war die Ehe ausgesprochen unglücklich, und es oblag der Tochter, die Mutter glücklich zu machen. Als Frau K. mit der Therapie begann, war sie über fünfzig Jahre alt, die Mutter lag nach einem Schlaganfall bewegungs- und sprachlos in einem Pflegeheim. Die Tochter besuchte sie täglich, saß stundenlang an ihrem Bett und bemühte sich, die Mutter zum Lächeln zu bringen. Einmal kam sie früher als üblich – und hörte die Mutter lachen. Der jüngere Bruder war zu Besuch – und die Mutter konnte reden und lachen! Da erst begann die Patientin zu ahnen, dass sie ihre Mutter niemals glücklich machen können würde, und begann, Pläne für ihr eigenes ihr noch verbleibendes Leben zu schmieden. Interessanterweise fühlte sie sich nach einiger Zeit auch körperlich gesünder als je zuvor. Heute besucht sie ihre Mutter einmal in der Woche für ein Stunde.*

Natürlich gibt es Möglichkeiten der Heilung, wenn dieser Mensch, statt in Depression zu verharren, sich langsam auf einen aktiven Weg macht. Für die depressive Persönlichkeit und ihre Ängste findet sich in diesem Buch eine Reihe von Hinweisen und Übungen. Es geht darum, das Selbstvertrauen zu stärken, die Verantwortung für die eigenen Gefühle zu übernehmen und sich immer wieder der eigenen Entscheidungsfähigkeit bewusst zu werden – und Freude daran zu empfinden. Dieser Punkt (Freude) ist keineswegs selbstverständlich. Dazu ein kleines Beispiel: Ich habe es lange bewundert, einen Lkw fahren zu können. Als junge Frau bin ich viel per Anhalter gefahren, am liebsten mit ganz großen Lkws. Bis mir ein Freund sagte, wenn ich unbedingt Lkw fahren wolle, solle ich es doch selbst tun. Auf diese Idee wäre ich nie von selbst gekommen. Ich habe tatsächlich ein paar Fahrstunden auf einem Zwanzigtonner mit Sattelauflieger genommen. Und ich freue mich heute noch über dieses Erlebnis – und außerdem gab es etwas Spannendes zu erzählen. Die Mitteilung solchen Erlebens stärkt jede Beziehung und das Selbstwertgefühl. Hierzu passende Übungen finden Sie im Kapitel *Wie werde ich mutig*.

Jetzt lade ich Sie zu speziellen Übungen ein, wenn Sie besonders an Verlustängsten, der Angst vor Einsamkeit oder davor, nicht gemocht zu werden, leiden:

Übung: Tragen Sie nicht die Aufgaben der anderen in Ihrem Rucksack
Übernehmen Sie regelmäßige Aufgaben für ihre Freunde, Ihre Eltern, Nachbarn, Kinder oder Kollegen? Sind Sie umfangreich *ehrenamtlich* tätig? Und sind Sie damit wirklich zufrieden? Wenn es Ihnen manchmal zu viel wird, fragen Sie sich dann, warum Sie das tun? Der Einkauf für den älteren Nachbarn, die Nachhilfe für das Kind der Freundin, das Hüten eines Hundes, Mutters Fenster putzen, regelmäßig Enkelkinder hüten – für alle diese Tätigkeiten gibt es Gründe. Ganz gleich, welche das auch sein mögen: Sie übernehmen damit Aufgaben und Verantwortungen, die nicht grundsätzlich zu Ihrem Leben gehören. Sie dürfen das alles tun, wenn Sie es wirklich wollen, müssen es aber nicht! Finden Sie ein neues Maß, das Ihnen zusagt. Ich nenne das *konstruktive Abgrenzung*. Sie brauchen dazu nicht »Nein« zu sagen, Sie sagen Ja zu dem, was Sie tun möchten, Sie machen ein Angebot. Nehmen wir das Beispiel des Nachbarjungen, dem Sie Nachhilfeunterricht geben. Das wird Ihnen zu viel, also können Sie anbieten: »Wenn eine Klassenarbeit ansteht, will ich gern vorher mit ihm üben.« Suchen Sie diesen Kompromiss für alle Verpflichtungen, die Sie eingegangen sind.
Wenn Sie nun etwas Zeit für sich gewonnen haben, können Sie zu folgender Übung übergehen:

Eigene Wünsche wiederfinden

Können Sie sich an all die Wünsche erinnern, die Sie sich nicht erfüllt haben, weil Sie für andere da sein wollten oder mussten? Zu dieser Übung eine Vorbemerkung: Depressiv strukturierten Menschen geht es manchmal so wie Kindern, die auf keinen Fall schlafen gehen möchten. Es gibt zwei Befürchtungen: Wenn ich einschlafe, gehen die anderen vielleicht weg und ich bin ganz allein. Die zweite, fast genauso unangenehme Möglichkeit ist es, dass die anderen sich amüsieren, etwas Spannendes und Interessantes machen oder erleben, aus dem sie (die Kinder) dann ausgeschlossen sind. Kennen Sie so ein Gefühl? Umso wichtiger ist es, den ureigenen Wünschen auf die Spur zu kommen.

» *Frau M. war eine Patientin, die in einer sehr abhängigen Beziehung zu einem Mann lebte, der beruflich viel verreisen musste. In seiner Abwesenheit war sie gelähmt von der Angst, er könne nicht wiederkommen. War er dann da, wich sie nicht von seiner Seite, bis er energisch darum bat, sich einmal mit einem Freund allein treffen zu dürfen. Wir sprachen eine Weile über diese Szene, dann fragte ich sie: »Was würden Sie gern allein machen?« Frau M. antwortete spontan, lebendig und ganz und gar glaubwürdig: »Ich würde gern reiten und einen Malkurs auf Mallorca machen, mit meiner Freundin Luisa zusammen.«*

Übung: Eigene Wünsche wiederfinden
Fallen Ihnen auch spontan eigene Wünsche ein, wenn Sie gefragt werden? Dann tun Sie es! Und lesen Sie das Kapitel vom Sinn des Lebens – es sind Ihr Leben und Ihre Aufgabe, es mit Sinn zu erfüllen. Und Goethe hat wunderbar ausgedrückt, wie Lebenssinn, Wünsche und Selbstentwicklung zusammenhängen: »Unsere Wünsche sind Vorgefühle der Fähigkeiten, die in uns liegen, Vorboten desjenigen, was wir zu leisten imstande sein werden.«

Hier noch eine kleine Übung für Partner:

> **Übung: Die Anlehnung**
> Die Paare stehen Rücken an Rücken, berühren sich so, dass sie den anderen deutlich spüren, ihn auch als Stütze erleben können. Geht nun der Partner einige Schritte nach vorn, wird die Person mit den Verlassenheitsängsten sehr ins Schwanken geraten, vielleicht sogar in Gefahr geraten zu fallen. Ein Mensch mit Angst vor Nähe wird dagegen kaum ins Wanken geraten, er hat für einen eigenen, unabhängigen sicheren Stand gesorgt.

Die Angst vor allem Neuen

Wir alle brauchen Sicherheit und eine gewisse Konstanz in unserem Leben. Veränderungen, besonders solche, die nicht unter unserem Einfluss und ohne unsere Kontrolle geschehen, sind immer eine psychische und oft auch eine physische Belastung. Veränderungen sind nicht vermeidbar, manchmal schmerzhaft, aber in der Regel bereichern sie unser Leben mit Spannung, Freude und interessantem Neuen. Sie sind Aufgaben, die wir bewältigen können.

Für manche Menschen ist das anders. Jede Veränderung bedeutet ihnen Kontrollverlust, Vergänglichkeit und Risiko. Ihr Motto lautet: »Never change a running system.« Dabei ist es fast gleich, wie schlecht ein System funktioniert. Die Hauptsache ist, es ist vertraut. Deshalb versuchen solche Menschen, besonders in Beziehungszusammenhängen, Regeln zu erstellen, die für alle gelten sollen. Jeder Widerstand macht Angst, die oft in Aggressionen ausgedrückt wird.

Manchmal ist es schwierig, diese Ängste überhaupt wahrzunehmen. Ihre Ursache wird in die Umwelt verlegt. Wenn die anderen nur täten, wie ich es sage, wäre alles gut. Gehören Sie zu Menschen mit einer übergroßen Angst vor Veränderungen? Diese Frage lässt sich mit folgenden Überlegungen beantworten.

Übung: Haben Sie Angst vor Veränderungen?
1. Mögen Sie spontanen Besuch?
2. Haben Sie als Kind gern Rollenspiele gespielt? (Cowboy und Indianer, Vater, Mutter, Kind, Schule usw.) Gern auch mit wechselnden Rollen?
3. Fällt es Ihnen leicht, Sachen zu suchen, die Sie verlegt haben, ohne ungeduldig zu werden?
4. Fällt es Ihnen genauso schwer, Sachen zu suchen, die jemand anderes verlegt hat?
5. Haben Sie oft das Gefühl, Ihre Beziehungen wären unkomplizierter, wenn nicht so viele Dinge ausdiskutiert werden müssten?
6. Was ist Ihre Einstellung zu leitenden Positionen: a) Hierarchien müssen klar sein, ein Chef muss Anweisungen geben, weil er das Ganze im Blick hat. b) Sind Sie eher für flache Hierarchien und Teamentscheidungen?
7. Freuen Sie sich auf Ihre nächste Reise zu einem bisher unbekannten Ziel?
8. Macht es Ihnen Spaß (beruhigt es Sie), Dinge zu sammeln und zu ordnen?

Auswertung: Je einen Punkt bekommen Sie für ein Ja bei der Frage 4, 5, 6a und 8, für ein Nein bei den Fragen 1, 2, 3, 6b und 7.
Drei Punkte zu bekommen ist die Untergrenze für den Persönlichkeitsanteil, der Angst vor Veränderungen hat, bei vier und mehr Punkten ist es sinnvoll, die Übungen aus diesem Abschnitt besonders sorgfältig zu machen.

Nebenbei bemerkt: Ein Mensch mit solchen Ängsten hat, solange sie bewusst und nicht überschwemmend sind, viele positive Eigenschaften, er kann gut organisieren, ist konsequent und damit zuverlässig und freundlich versorgend

Nun die spezielle Übung für Menschen mit Ängsten vor Neuem, vor Veränderungen und dem damit verbundenen Kontrollverlust:

Übung: Das Wunder der Veränderung
Vielleicht machen Ihnen Veränderungen Angst, dabei kann es sich um neue Länder, Wohnungswechsel, Großzügigkeit beim Geldausgeben, um sich oder einem Ihnen nahestehenden Menschen handeln, einen Wunsch zu erfüllen. Trotz aller Ängste hat es schon viele Veränderungen in Ihrem Leben gegeben. Das ist nicht zu vermeiden, das Baby wird irgendwann ein Schulkind, das Schulkind ein erwachsener Mensch. Die Lehrzeit ist vorbei, der Mensch verdient Geld und übernimmt eine Verantwortung. Schreiben Sie auf, welche Veränderungen in Ihrem Leben von Bedeutung waren. Sie können sich dabei an Ihrer Biografie orientieren. Achten Sie auch auf mittlere bis kleine Veränderungen. Zum Beispiel zählt nicht nur die Schulzeit als Ganzes, sondern auch jeder Schulwechsel. Sehen Sie nach Umzügen, neuen Autos, Freundschaften und Abschieden, Kinder bekommen. Dann sehen Sie sich die Punkte auf Ihrer Liste einzeln an und bewerten nach folgendem Muster: Wie groß war die Angst vor dieser Veränderung? Das können Sie mit den Ziffern von 1 (fast keine Angst) bis fünf (entsetzliche Angst) bewerten. Und dann suchen Sie die Veränderungen heraus, aus denen sich etwas Aufbauendes entwickelt hat, die Ihr Leben bereichert, Ihre Persönlichkeitsentwicklung gefördert haben. Bei manchen Veränderungen können Sie deren positive Wirkung noch heute spüren.
Würden Sie im Nachhinein betrachtet auf diese Veränderungen verzichten wollen? Wer wären Sie heute, wenn all das nicht stattgefunden hätte?

Diese Art von Ängstlichkeit entsteht oft durch zwanghafte, sehr kontrollierende und hart urteilende Eltern. Diese Erziehung kann zur Verdrängung vieler Gefühle und Wünsche führen. Dabei entsteht eine Haltung des Perfektionismus. Der Charakterzug entsteht zwischen dem 2. und 4. Lebensjahr, wo das Kind seine Autonomie und seine Entdeckerlust leben möchte. Es begegnen ihm Verbote und Grenzen, aber zum ersten Mal ist es in der Lage, sich zur Wehr zu setzen. Es lernt richtig – falsch, gut – böse kennen und unterscheiden und muss darin seine eigene Orientierung finden. Die Selbstbestimmung des Kindes gerät in dieser Phase oft in Konflikt mit den Eltern. Das Kind nimmt die Reaktionen auf sein Verhalten wahr und verinnerlicht sie – der innere Richter oder Kritiker entsteht und damit die Angst, *alles falsch zu machen, nie zu genügen*. Das Einhalten aller möglichen, oft bizarren Regeln lindert die Angst. Dagegen hilft folgende Übung:

> **Übung: Wer wäre ich, wenn ich ein von Zwängen und Ängsten freier Mensch wäre?**
> Diese Übung ähnelt der Übung *Wege zum Wunsch-Ich* aus dem Kapitel *Wie werde ich mutig?*
> Vielleicht haben Sie gar kein Bild von sich, was für ein Mensch Sie noch sein könnten. Natürlich sollen Sie kein völlig anderer Mensch werden, sondern nur befreien, was schon in Ihnen steckt. Wenn Ihnen gar nichts dazu einfällt, gehen Sie folgenden Umweg:
> Denken Sie an Menschen, die Sie zwar gern mögen, die aber Eigenschaften und Angewohnheiten haben, die Sie ärgern. Wir wissen aus der Arbeit mit dem Schatten (auch blinde Flecken genannt), dass das oft Eigenschaften, Fantasien, Wunscherfüllungen sind, die wir uns selbst nicht gestatten würden. Setzen Sie sich mit diesen Anteilen der anderen auseinander und spüren Sie in sich hinein: Gibt es da nicht doch etwas, was Sie auch gern täten, wie Sie auch gern wären?
> Nun stellen Sie sich selbst vor, wie es sein könnte, etwas davon zu haben. Was würde ich ändern? Hätte es Vorteile? Welche?

Eine wunderschöne, entspannende Übung für diese und andere Ängste ist auch folgende:

> **Übung: Wasserfall**
> Lassen Sie sich fallen, das ist das Thema, und es ist ganz praktisch gemeint. Sie können eine Massage buchen, in der sie sich ganz entspannen. Sie können einen Freund bitten, für Ihren nächsten Geburtstag oder einen gemeinsamen Ausflug ein Programm zusammenzustellen und alles Notwendige

zu organisieren. Dabei haben Sie weder ein Mitsprache- noch ein Widerspruchsrecht. In Gruppentherapien war folgende Übung beliebt: Ein Mitglied stellt sich in den Kreis und lässt sich nach hinten fallen. Die anderen Mitglieder fangen es sicher auf. Diese Übung ist auch sehr geeignet, eine Angstlust-Erfahrung zu machen.

Zu dieser Hingabe-Übung gehört es auch, sanft und ohne Anstrengung kleine Regeln, die Ihr Leben bestimmten, zu lockern. Sie können neue Wege zur Arbeit gehen, ein anderes Restaurant aufsuchen und überhaupt kleine und kleinste Experimente machen.

Die Angst vor der Erstarrung

Manche Menschen erleben sich als besonders freiheitsliebend. Sie haben Angst, etwas zu versäumen, sich zu früh oder zu sehr festzulegen oder festgelegt zu werden. Sie haben Angst, nicht genug vom Leben zu bekommen, Notwendigkeiten zu akzeptieren oder bindende Verpflichtungen einzugehen. Gehören Sie zu diesem Personenkreis? Die folgende Übung hilft Ihnen, sich auf die Spur zu kommen.

Übung: Habe ich Angst vor der Notwendigkeit?
Halten Sie Pünktlichkeit für spießig? Haben Sie mehr Ideen, als Sie verwirklichen können? Ist Ihnen schnell langweilig? Haben Sie Angst davor, etwas zu verpassen, zu lange mit demselben Partner zusammen zu sein, zu lange im gleichen Job? Haben Sie einen großen Freundeskreis? Haben Sie große Angst vor dem Altwerden? Sind Sie spontan, kreativ und mitreißend? Falls Sie diese Fragen tendenziell eher mit Ja beantworten, werden Sie die folgenden vielleicht eher mit Nein beantworten: Macht es Ihnen Spaß, alltägliche Pflichten zu erledigen? Können Sie gut allein sein? Können Sie geduldig und lange warten, bis Sie sich einen Wunsch erfüllen? Sind Sie sparsam? Legen Sie großen Wert darauf, treu zu sein?

Ihre Antworten auf die obigen Fragen geben Ihnen, sollten sie in etwa nach dem von mir vorgegebenen Muster erfolgt sein, einen Hinweis auf Ihre Grundangst: Es handelt sich um tiefe Ängste vor der Begrenztheit des Lebens, vor Unausweichlichem oder Notwendigem, vor der Erstarrung. Aus dieser Haltung entstand der Satz, wir würden am Ende des Lebens nicht so sehr das bereuen, was wir getan haben, als mehr das, was wir versäumt haben.

Um diesen Ängsten zu entgehen, braucht es viel Anerkennung und Bewunderung. Da das Selbstwertgefühl von Menschen mit dieser Angst vor dem Stillstand sehr instabil ist und immer wieder neue Nahrung braucht, kommt es vielleicht zu häufigen Partnerwechseln oder zu hochstrittigen Beziehungen in der Liebe und in der Freundschaft.

Die Persönlichkeitsanteile mit dieser speziellen Angst entwickeln sich zwischen dem 4. und dem 6. Lebensjahr. Das ist die Zeit großer Autonomieentwicklung und gleichzeitig die Zeit der beginnenden Identifikation mit den Vorbildern und mit dem eigenen Geschlecht. Dabei fühlen sich Kinder verstärkt zum gegengeschlechtlichen Elternteil hingezogen – und sie finden dort das Vorbild für ihre künftigen Liebesbeziehungen. So kommt es innerhalb eines Paares immer wieder zu Übertragungen. In der Partnerin kann die Mutter, im Partner der Vater gesucht werden. Ebenso können Enttäuschungen hier gerächt werden. Der schwache Vater, von der Mutter verachtet, führt zu allgemeiner Männerverachtung und Urteilen wie: *Die* Männer sind ... Mit diesen Gefühlen sind die entsprechenden Ängste verbunden. Fragt sich die Person, die Angst vor dem Alleinsein hat: »Reiche ich aus, um meine Partnerin zu halten? Bin ich gut genug?« So fragt sich die Person mit der Angst vor der Festlegung (durch Pflichten und Notwendigkeiten): »Ist der andere gut genug für mich? Bekomme ich von ihm, was ich brauche?« Der Partner ist Spiegel, Garant des Selbstwertgefühls und der Bewunderungswürdigkeit. Diese Bedürfnisse sind auf Dauer nur schwer zu erfüllen, sodass es zu schmerzhaften und dramatischen Trennungen kommen kann – bis die nächste *große Liebe* erscheint. So können auch Ursachen für Trennungen gut bei der Partnerin gesucht werden. Hilfreich für die nächste Beziehung ist das nicht, deshalb die folgende Übung:

> **Übung: Ich und meine Beziehungen**
> Diese Übung kann schmerzhaft sein, seien Sie liebevoll mit sich. Wenn Sie sie machen, dann nicht, um über sich zu urteilen, sondern um sich besser kennenzulernen und sich weiterzuentwickeln.
> Denken Sie an vergangene Liebesbeziehungen, auch an intensive Freundschaften. Haben Sie viele dieser Beziehungen in Ihrem Leben verloren? Wer hat sie beendet, Sie oder die andere Person? Was waren die Gründe? Jetzt kommt der schmerzhafte Teil: Suchen Sie die Gründe nicht bei den anderen. Natürlich waren die auch beteiligt, keine Frage. Aber dieses Wissen hilft nicht weiter. Hier geht es um Sie. Nehmen Sie die Gründe zu sich. Beispiel: Menschen haben Sie manchmal verlassen, weil sie Sie als sprunghaft, unzuverlässig, zu einengend ... erlebt haben. Dann nehmen Sie das ernst und schreiben Sätze als Ich-Sätze auf ein Blatt Papier: Ich war ... Sie dürfen natürlich relativieren, es geht ja nicht darum, sich in Selbstvorwürfen zu ergehen. Also könnten so diese Sätze im Ganzen heißen:
> Für A. war ich zu unselbstständig.
> Für B. war ich zu unzuverlässig.
> C. fand mich besitzergreifend.
> Finden Sie solche Sätze für die Fälle, in denen Sie sich getrennt haben. Auch hier bleiben Sie bei sich und Ihrem Gefühl.
> Wieder ein Beispiel: Wenn Sie sich von D. getrennt haben, weil er zu distanziert war und wenig Zeit für Sie hatte, heißt der Satz vielleicht: Bei D. habe ich mich so unwichtig gefühlt.
> Wenn Sie eine Reihe solcher Sätze untereinander stehen haben, suchen Sie nach einem Muster. Was Sie davon haben? Sie wissen nun mehr darüber, wo Ihre Probleme liegen, wo Sie sich weiterentwickeln und stärken können.

Natürlich ist das Kind auch da, wo es verstärkt autonom wird, noch auf das Vorbild der Eltern angewiesen, auf deren zuverlässige und nachvollziehbare Regeln. Sind diese chaotisch, wird zum Beispiel heute gelobt, wofür gestern gestraft wurde, wird das Kind mal als Kleinkind und mal wie ein Erwachsener behandelt, hat es folgende Wahl: Es entwickelt sein eigenes Wertesystem, das seiner Kindlichkeit entspricht. Vereinfacht gesagt: Es entscheidet sich, Kind zu bleiben, ohne Verantwortung – und ohne rechte Orientierung. So bleiben alle guten Eigenschaften, die das Kind in sich trägt, langsam auf der Strecke, beziehungsweise sie entwickeln sich zu ihrem Gegenteil. Aus der Lebendigkeit und Spontaneität kann Unzuverlässigkeit werden, aus der Emotionalität Theatralik und aus der Kontaktfreudigkeit die Sucht, im Mittelpunkt zu stehen. Eine bittere und schmerzhafte Veränderung, die im Erwachsenenleben zu harten Konsequenzen führt – und zu starken Ängsten, in dieser (Erwachsenen-)Welt keinen Platz zu finden.

> **Übung: Suche nach dem Kind**
>
> Der Begriff vom *Inneren Kind* ist inzwischen sehr populär. Es soll eine Heimat in uns haben. Fatalerweise wird dabei immer an ein ängstliches, leidendes Kind gedacht. Innere Kinder sind auch die fröhlichen, kreativen, liebevollen, neugierigen Ich-Anteile, die sich irgendwann nicht mehr zeigen durften.
>
> Suchen Sie also alle Ihren guten Eigenschaften zusammen, erinnern Sie sich an alles, was Ihnen erzählt worden ist über Ihre Zeit als vier- bis sechsjähriges Kind, erinnern Sie sich selbst an sich, Ihr Spiel, Ihre Fantasien, Ihre Fröhlichkeit.
>
> Sehen Sie sich als dieses Kind genau an, erinnern Sie sich an Details, Freunde, Lieblingsspiele, kleine Abenteuer, Zeiten, in denen Sie geträumt, Bilder gemalt oder Geschichten gehört haben. Und dann beginnen Sie, diese Eigenschaften in Ihrem heutigen Ich zu suchen. Es gibt sie noch, ganz sicher. Nehmen Sie dieses Kind und seine Stärke in sich auf.

Vielleicht haben Sie sich in keinem dieser vier Abschnitte wiedererkannt. Das mag daran liegen, dass wir aus allen Entwicklungsphasen Ängste mitbringen können. Alle Menschen haben Angst vor der Hingabe, da sie verbunden ist mit der Gefahr, verletzt zu werden. Auch die Angst vor der Selbstwerdung ist uns nicht fremd. Selbstständigkeit bedeutet auch immer, sich herauszutun aus der Geborgenheit der Gruppe. Denken Sie nur daran, wie schwer es fallen kann, anderer Meinung als die meisten anderen zu sein.

Die Angst vor der Veränderung ist letztlich die Angst, die Kontrolle zu verlieren, hilflos und angewiesen zu sein. Und die Angst vor der Notwendigkeit bedeutet, Angst zu haben, den Sinn des Lebens, *unseres* Lebens, zu verpassen.

Alle diese Ängste fordern ihre Anerkennung – und uns zur Entwicklung auf: Ob Sie also eine Ihrer Grundängste klar oder nur diffus fühlen oder sich ein wenig in allen Kapiteln wiederfinden: Alle Übungen können hilfreich für das Selbstverstehen sein.

10. Neurobiologie, Philosophie und Spiritualität

> Unser Leben ist das Produkt unserer Gedanken.
>
> *Marcus Aurelius*

Wir können unser Gehirn anders beschäftigen als mit Ängsten. Das wird deutlich in unseren Alltagsbeschäftigungen und in manchen Übungen, die Sie bisher praktiziert haben. Auch dabei besteht die Gefahr, die Angst in den Fokus zu stellen, selbst wenn wir sie eigentlich verlieren wollen. Es geht eben nicht, nicht an die Angst zu denken, wenn man sich den Auftrag gibt. Sie kennen das Beispiel von dem blauen Elefanten, an den Sie nicht denken sollen. Von selbst wären Sie nicht darauf gekommen, gäbe es nicht den Auftrag. Mit der Angst ist es noch schwieriger, weil sie schon einen breiten Weg im neuronalen Netz unseres Gehirns hinterlassen hat. Wir können aber dafür sorgen, dass dieser Weg langsam zuwächst. Das geht! Die Natur macht es uns vor, zum Beispiel im Nationalpark Hainich (Thüringen). Dieser Park war militärisches Speergebiet in der ehemaligen DDR, seit 1997 ist er Nationalpark und gehört seit 2011 zum UNESCO-Weltnaturerbe Buchenurwälder. Der Wald war durchzogen von vielen Betonwegen für die Panzer. Diese Wege wurden belassen. Schon nach wenigen Jahren brachen Pflanzen durch das Pflaster, zuerst der Löwenzahn. Besuchen Sie diesen wunderbaren Park und sehen Sie, was aus den Betontrassen geworden ist. So ähnlich beschreibt der Neurobiologe Hüther Vorgänge in unserem Gehirn: Vielfach genutzte Nervenverbindungen bilden ein dichtes Netz – oder eben eine breite Straße. Man kann es sich so ähnlich vorstellen wie eine Datenbahn im Internet. Diese Verbindungen gilt es zu vermindern. Natürlich wollen wir nicht ganz angstfrei sein. Es gibt Situationen, in denen Angst vor realen Gefahren warnt. Aber unser Warnsystem ist übersensibel, es (das limbische System, mit der Amygdala) ist eben noch nicht an die gefahrenarme Jetztzeit angepasst.

Manchmal fragen Patienten, ob das überhaupt gehen könne, dass sich im Gehirn noch etwas verändert. Wir wissen, dass bestimmte Strukturen schon in der Schwangerschaft angelegt werden. Wenn die werdende Mutter eine stress- oder angstvolle Schwangerschaft durchlebt, prägen die in ihrem Blut vorhandenen Stresshormone das Gehirn des Fetus ebenso wie das zu wenig ausgeschüttete Serotonin. Im Kreis der Hirnforscher gibt es da unterschiedliche Meinungen. Gerald Hüther sagt ganz klar, »daß das Gehirn auch im Erwachsenenalter noch in hohem Maße zu struktureller Plastizität fähig ist«. (Hüther 1997, S. 14) Er vertritt diese Meinung nach langer Forschungsarbeit immer noch und macht das in jedem seiner populärwissenschaftlichen Bücher deutlich.

Aber wie kann das gehen? Einige Hinweise darauf finden Sie im Kapitel 11 *Wie werde ich mutig?* Klar ist: Wir müssen die Autobahn verlassen und neue Wege bahnen. Und dazu braucht der Auftrag, nicht an einen blauen Elefanten zu denken, einen zweiten Teil, zum Beispiel: Ich denke nicht an blaue Elefanten, ich denke an den Gesang einer Nachtigall. Den haben Sie noch nie gehört? Dann wird es aber Zeit, er ist so entzückend, wie die Literatur ihn beschreibt. Notfalls finden Sie im www Orte in Ihrer Umgebung, wo Sie eine Nachtigall hören können. Übersetzung: Ich denke nicht an die Angst, ich denke an Situationen, in denen es mir gut ging, in denen mir etwas gelungen ist, für die ich dankbar sein kann. Und ich suche im Alltag aktiv nach solchen Gelegenheiten.

Die neurologischen *Autobahnen* verbreitern sich nicht durch neu erlebte Angstsituationen. Als nicht von Ängsten geplagte Erwachsene können wir mit solchen Situationen angemessen umgehen: Wir sind vorsichtig, entziehen uns der Situation oder holen uns Hilfe – und bewältigen das Problem. Dabei entsteht das Gefühl von Stärke und Selbstwirksamkeit.

Wir können unsere Ängste durch unsere Gedanken manifestieren. Machen Sie dazu folgenden kleinen Versuch: Sehen Sie sich einen Gegenstand an, den Sie mögen. Spüren Sie das Gefühl, das dabei entsteht, vielleicht eine leichte Freude – verstärkt durch eine Erinnerung. Nun schließen Sie die Augen und stellen Sie sich den Gegenstand vor. Je genauer Sie ihn sich vorstellen können, umso ähnlicher ist das Gefühl, das entsteht, dem Gefühl beim Ansehen. Das Gehirn unterscheidet nicht die reale Wahrnehmung von der Vorstellung. Versuche mit bildgebenden Verfahren haben gezeigt, dass in beiden Fällen die gleiche Gehirnregion aktiviert wird. Wenn Sie sich nun im Detail eine angstbesetzte Situation vorstellen, ist es, als wiederhole sich das Geschehen. Traumatisierte Menschen tun das immer wieder – und nähren damit ihre Panik. Wie auch bei Triggern wird durch diese Erinnerungen das autonome Nervensystem aktiviert, das Gehirn schüttet Stresshormone (Adrenalin, Cortisol und andere) aus, und wir erleben die bekannten körperlichen Reaktionen. Dabei schaltet sich unser denkendes Hirn (Neocortex) ab. Zwischen dem archaischen Hirnteil und dem Teil, in dem unsere Logik sitzt, gibt es unglücklicherweise wenige Vernetzungen. Das war in der Steinzeit sinnvoll: Wer darüber nachdenken konnte, ob das angreifende Tier vielleicht gefährlich sei, erlebte augenblicklich die Antwort, während seine Stammesbrüder sich schon in Sicherheit gebracht haben. Obwohl wir heute nicht mehr so gefährdet sind, reagieren wir oft aus den im Unbewussten gespeicherten Erfahrungen heraus. Deshalb ist es wichtig, den meist unbewussten Erfahrungen, den Triggern, auf die Spur zu kommen, um entspannter mit ihnen umgehen zu können. Da kann das Großhirn, dieses wunderbare Geschenk der Evolution, zum Einsatz kommen, um adäquate Reaktionen auszubilden.

Wie sehr Gedanken nicht nur unsere Gefühle bestimmen, sondern sogar unseren Geschmack, zeigt folgende kleine Geschichte: Manche Menschen denken, dass Kapern irgendwelche Meeresfrüchte wären. Ich selbst habe das lange geglaubt, weil ich als Kind gern das Lied sang: »Alle, die mit uns auf Kapernfahrt fahren, ...« Auch mein Sohn Florian glaubte, Kapern kämen aus dem Meer – und er ist strenger Vegetarier, und er mochte sie überhaupt nicht. Als er erfuhr, dass es sich um Blütenknospen des Kapernstrauches handelte, mochte er sie ganz plötzlich, besonders gern die in Salz eingelegten.

Ich weiß von vielen Patienten, dass sie Schwierigkeiten haben, sich an positive Situationen zu erinnern. Manche wollen das auch gar nicht, weil sie das Gefühl haben, sich selbst, also *das Kind von damals*, zu verraten. Dankbarkeit ist ihnen ein eher fremdes Gefühl. Der Buddhismus mit seiner klugen Philosophie zur Lebensgestaltung weiß davon und bietet eine ganze Reihe von Übungen zur Entwicklung der Dankbarkeit und des Mitgefühls. Beide Gefühle sind, abgesehen von ihrer spirituellen Dimension, äußerst heilsam für Körper und Seele. Sie sind entspannend, das Gehirn schüttet dann Serotonin aus. Außerdem sind sie tatsächlich der körperlichen Gesundheit zuträglich. Dankbare Menschen sind offensichtlich weniger gestresst und weniger anfällig für Depressionen, das erforschte der amerikanische Psychologe Martin Seligman mit seinem Team. Und schon Cicero, Philosoph und Redner Roms im letzten Jahrhundert vor unserer Zeitrechnung, hat von der Bedeutung dieses Gefühls gesprochen. Er soll gesagt haben: »Dankbarkeit ist nicht nur die größte aller Tugenden, sondern auch die Mutter von allen.« Wenn das kein Grund ist, sich in Dankbarkeit zu üben!

Jetzt Sie:

Übung: Dankbarkeit erzeugen. Die Zweite

Diese Übung ist für Menschen, denen das Gefühl der Dankbarkeit fremd ist. Beginnen Sie einfach im Alltag damit, sich zu bedanken. Für kleine Handreichungen, Dienstleistungen, Auskünfte. Sagen Sie »Danke« zu der Verkäuferin, die Ihnen einen guten Tag wünscht, auch wenn es nur eine Floskel zu sein scheint. Sehen Sie die Person, bei der Sie sich bedanken, mit einem Lächeln kurz an, stellen Sie einen kleinen Kontakt her. Spüren Sie den vielleicht winzigen Moment der Wärme. Üben Sie sich darin, kleine, freundliche oder erfreuliche Situationen wahrzunehmen, vom Vogelgezwitscher bis zum Kinderlachen, Sonnenschein oder fließendes Wasser. Nehmen Sie die Dinge wahr, die Sie gern haben – und danken Sie dafür.

Wem? Wie Sie mögen, sich selbst, dem Leben oder einer höheren Macht Ihres Vertrauens.

Haben Sie ein bisschen Übung darin, auf diese Weise durchs Leben zu gehen, können Sie sich folgender vertiefender Übung widmen:

> **Übung: Dankbarkeitsliste**
>
> Diese Übung ähnelt der Übung, in der es um das gute Ende einer unangenehmen Situation geht. Die Dankbarkeitsliste ist lang – und beinhaltet Dinge, von denen wir zum Zeitpunkt ihres Geschehens noch nicht wussten, nicht wissen konnten, dass wir später dafür dankbar sein würden. Schließen Sie diese Liste nie ab, es kommen immer wieder neue Erinnerungen hinzu, und es geschieht Neues – jeden Tag.
>
> Zur einfacheren Strukturierung beginnen Sie die Liste mit Personen. Zur Orientierung gibt es hier ein paar Beispiele aus meinem Leben:
>
> Ich bedanke mich bei:
>
> - meinen Eltern, dass sie schon früh meine eigenen Entscheidungen akzeptiert haben
> - meiner Großmutter, bei der ich so viele umsorgte, angstfreie Stunden verbringen konnte
> - unserer Nachbarin, Frau K., weil sie mich zum Einkaufen mitnahm und mir dann einen Bonbon spendierte
> - meiner strengen Lehrerin, Frau B., weil sie mich Achtung vor der Sprache lehrte
> - meinem Lehrer, Herrn W., der mir zeigte, dass es ein anderes Leben gab als das, das meine Eltern führten, bei dem ich die ersten englischen Vokabeln lernte und das Wissen, wozu ein Messer neben dem Teller liegt, auch wenn ich kein Brot bestreichen will.
>
> Wenn Sie genügend Personen gefunden haben, beginnen Sie mit der Erinnerung an Situationen, in denen Ihnen Gutes geschah, Sie Hilfe in einer unangenehmen oder bedrohlichen Situation erhalten haben. Lassen Sie frohe Gefühle entstehen und genießen Sie diese Gefühle.

Gedanken über das Denken in der Philosophie

Dass Gedanken unsere Gefühle und manchmal unser ganzes Leben bestimmen, glaubte schon der römische Kaiser und Philosoph Marcus Aurelius, wie das Zitat über diesem Kapitel zeigt. Passend und erläuternd dazu ist auch folgendes Zitat von ihm: »Du hast die Macht über deinen Geist – nicht über Geschehnisse im Außen. Erkenne das, und du wirst Stärke finden.« (Marcus Aurelius lebte im 2. Jahrhundert)

Ein schönes Gedicht dazu kommt von Mumon Ekai, einem chinesischen Zen-Meister (1183–1260):

> Frühlingsblumen, Herbstmond,
> Sommerbrise, Winterschnee.
> Wenn keine unnützen Gedanken deinen Geist verwirren,
> hast du die friedlichsten Tage deines Lebens.

Philosophen haben sich zu allen Zeiten und aus verschiedenen Blickwinkeln mit den Themen Mut, Angst und Gedanken befasst. Dem nachzugehen wäre spannend, würde aber den Rahmen dieses Buches sprengen. Deshalb überlasse ich es Ihnen, dem nachzugehen.

> **Übung: Was sagen Philosophen und Dichter über Mut und Angst**
> Diese Übung hat unter anderem den Sinn, sich von unangenehmen Gefühlen abzulenken. Nicht jede Ablenkung hat am Ende ein so interessantes und hilfreiches Ergebnis. Legen Sie sich ein kleines Heftchen – oder ein Dokument in Ihrem PC an mit einer Sammlung von klugen Sprüchen und Überlegungen zu diesen Themen. Suchen Sie auch bei Gandhi, Hafis, Goethe ... Finden Sie einen Lieblingsaphorismus und machen Sie den zu Ihrem Motto.

Spiritualität

Was ist eigentlich Spiritualität? Und was hat sie mit Angst und Mut zu tun? Dazu möchte ich das Wort erklären: Inhalt ist das lateinische Wort *spiritus*, das Geist bedeutet. Außerdem finden wir das Wort respirare, den lateinischen Infinitiv von atmen, ich atme heißt dann *spiro*. Der Begriff Spiritualität spiegelt also in anschaulicher Weise die Verbindung zwischen Körper und Geist, die wesentlich über die Atmung stattfindet. So enthalten alle Meditationstechniken, besonders Heilmeditationen, auch Anweisungen für die Beobachtung des Atmens.

Damit ist der Grundstein gelegt für das, was Spiritualität noch ist: die Verbindung mit allem, was außerhalb von mir ist. Das können in religiösem Zusammenhang Gott oder Transzendenz sein, aber auch einfach die Sicherheit, Teil von etwas anderem als der konkreten Alltagswelt zu sein, einer Matrix, die uns mit allem verbindet, was auch immer alles sein mag. Grundlagen sind verschiedene (auch nicht religiöse) Lehren, zum Beispiel der Buddhismus und die Integrale Theorie, deren Vertreter der Philosoph Jean Gebser und der Psychologe Ken Wilber sind.

Alle oder fast alle Menschen haben Sehnsüchte nach solchen *überindividuellen* Zusammenhängen. Und es gibt breit angelegte Untersuchungen dazu, dass gläubige Menschen glücklicher, weniger ängstlich sind und in Krankheitsfällen schneller wieder gesund werden. Auch wenn Sie an gar nichts glauben, bitte ich Sie, die folgenden Übungen trotzdem nicht auszulassen.

Die erste Übung verdanke ich meiner Freundin Elis Schibel. Und ich habe festgestellt, dass sie wirkt wie ein Medikament, das unabhängig von meinem Glauben wirken kann. Ich wende diese Übung manchmal an, wenn ich mich vor bestimmten Kontakten fürchte, vor Menschen, die ich als feindselig erlebe. Beim ersten Mal nutzte ich den Gedanken, als ich mich mit zwei Personen gleichzeitig treffen musste, die sich untereinander nicht gut verstanden. Ich befürchtete, in eine Schiedsrichterposition zu kommen. So nahm ich den Rat meiner Freundin an.

Schon diese Entscheidung entspannte mich, und so kam es tatsächlich zu einer weitgehend freundlichen Begegnung zu dritt.

> **Übung: Lass es die Engel richten**
> Wenn Sie eine schwierige Situation vor sich haben, von der Sie wissen, dass das Gelingen im Wesentlichen von anderen Menschen abhängig ist, geben Sie die Verantwortung einfach ab, zum Beispiel an die Engel. Das sind mächtige Wesen, die Ihnen gern zur Verfügung stehen und gern für Sie tätig werden. Spüren Sie die Ruhe und die Entspannung, die eintreten, wenn Sie sich so bildhaft wie möglich vorstellen, Sie gäben das Problem mit vollen Händen einfach ab.

Die folgende Übung beruht auf dem spirituellen Gedanken, Energien beziehen zu können aus einem Feld um uns herum, das wir uns so ähnlich wie einen warmen Sommertag vorstellen können.

> **Übung: Baden im Licht**
> Diese Übung gibt es in vielen Zusammenhängen und in ganz unterschiedlichen Formen. Sie können selbst danach forschen. In einer Situation, in der Sie Ihr Gehirn und ängstliche Gefühle beruhigen wollen, hat sich folgende einfache Form als hilfreich erwiesen:
> Sitzen Sie in einer bequemen Meditationshaltung aufrecht auf einem Stuhl oder auf einem Kissen. Spüren Sie Ihren Atem, lassen ihn ruhig werden. Dann stellen Sie sich vor, aus einem Fenster direkt über Ihnen ströme Licht auf Sie herab, warmes, weiches, helles Licht. Es umgibt Sie wie ein Schutzmantel. Sie sind entspannt und angstfrei. Je länger Sie in diesem Licht verweilen, umso stärker fühlen Sie sich. Experimentieren Sie mit dieser Übung, entwickeln Sie eine eigene Form – bis hin zur Abrufbarkeit des Gefühls von Sicherheit und Stärke, indem Sie sich in entsprechenden Situationen den Schutzmantel einfach vorstellen.

Der bulgarische Philosoph und Pädagoge Omraam Mikhaël Aïvanhov schreibt dazu: »Jedes Mal, wenn ihr die göttliche Welt in all ihren Erscheinungsformen von Licht, Schönheit, Musik und Harmonie kontempliert, sammelt ihr neue Teilchen und [...] jedes dieser Teilchen bringt Kräfte und Weisheiten mit sich [...] Ihr solltet täglich daran arbeiten, kraftlos gewordene Teilchen in euch durch neue, himmlische und strahlende zu ersetzen.«

Nehmen Sie diese Anweisung als Metapher, als Placebo, das wirkt. Letztendlich ist ein spirituelles Leben nichts anderes als ein Sich-Aufgehoben-Fühlen im Leben überhaupt. Das ist verbunden mit der inneren Sicherheit, die Aufgaben, die das Leben stellt, bewältigen zu können, auch wenn es schwer sein mag.

11. Wie werde ich mutig?

> Wie wird man mutig? Indem man so tut, als sei man mutig.
>
> *Chinesisches Sprichwort*

Vorbemerkung

Vielleicht werden Sie sich bei der Überschrift zu diesem Kapitel unwohl fühlen – und vielleicht nicht zum ersten Mal. Wollten Sie nicht ein Buch gegen Ihre Angst lesen? Und dieses Buch ist nicht gegen Ihre Angst. Genauer gesagt: Ich, die Autorin, bin nicht gegen Ihre Angst – und auch nicht gegen meine eigene. Ich bin niemals gegen irgendwelche Gefühle, so unangenehm sie auch sein mögen. Aber ich nehme sie, die Gefühle einschließlich der Ängste, sehr ernst. Sie sind Anteile unserer Persönlichkeit, sogenannte Ego-States. Und der bekannteste Anteil, der immer wieder in der Literatur, in Selbsthilfegruppen und in Therapien auftaucht, wird das *innere Kind* genannt. Ich habe immer wieder, zum Beispiel in dem Buch *Den Inneren Kritiker zähmen*, darauf hingewiesen, dass die übliche Definition des inneren Kindes zu kurz gegriffen ist. Wir haben es dabei mit verschiedenen Ich-Anteilen in verschiedenen Altersstufen zu tun. Es gibt ebenso ängstliche wie mutige, traurige, verletzte, fröhliche, feindselige und mitfühlende Anteile. Wenn es uns gelingt, die mutigen, fröhlichen und dankbaren Ich-Anteile zu stärken, kann die Angst sich beruhigen. Dieser Weg hat außerdem den Vorteil, dass er Distanz zu diesem unangenehmen Gefühl macht, es aus unserem Fokus nimmt. Hier bewahrheitet sich wieder der Aphorismus von dem Weg, der das Ziel ist. Deshalb also dieses Kapitel.

Ich will Sie keineswegs dazu überreden, dass Sie eigentlich keine Angst haben, sondern mutig sind. Natürlich haben Sie Ängste, die Sie einschränken, sonst hätten Sie dieses Buch nicht gekauft. Und natürlich wissen Sie, dass Sie stärker sind als die Angst, dass Sie sich nicht von

Ihrer Angst beherrschen lassen müssen. Sonst hätten Sie dieses Buch nicht gekauft und gelesen.

Das Motto über diesem Kapitel enthält schon die ganze Antwort. Vielleicht wird es deshalb ein kurzes Kapitel. Vorweg: Mutig zu ein bedeutet nicht, keine Angst zu haben. Mutig zu sein bedeutet, etwas *mit* der Angst zu tun, so wie Sie zum Zahnarzt gehen und Ihre Angst dahin mitnehmen (die Zahnärzte mögen mir diese Metapher verzeihen, mir fällt kein einleuchtenderes Beispiel ein). Die zweite Möglichkeit ist, etwas trotz der Angst oder überhaupt aus Trotz zu tun, so wie ein Kind auf einen hohen Baum klettert. Es klettert entweder trotz der Angst, die es vielleicht gar nicht wahrnimmt, weil es ein Abenteuer wahrnimmt und keine Gefahr sieht. Es kann auch aus Trotz auf den Baum klettern, weil es ihm verboten wurde. Trotz und Mut hängen zusammen.

Mut

Nun fragen Sie sich sicherlich, was aus Ihrem Mut geworden ist – er scheint verloren gegangen zu sein, sonst würden Sie dieses Buch nicht lesen. Nun, das ist eine sehr persönliche Frage, also kann ich sie nicht direkt beantworten. Die Lösung liegt in Ihrer Geschichte, in dem, was Sie erlebt haben, darin, wer und was Ihnen Angst gemacht hat – und auch darin, wer Sie bei mutigen Schritten unterstützt hat. Irgendetwas ist geschehen, und Sie haben den Kontakt zu Ihrem Mut verloren. Den können Sie wiederfinden, davon handelt dieses Kapitel.

Wir tragen viele Ängste aus der Kindheit und aus früheren Erfahrungen mit uns herum. Sie sind der Pflock, an den wir angekettet sind. Eine Erklärung für die Angst, die auf frühen Erlebnissen beruht, gibt bildhaft die Geschichte von dem angeketteten Elefanten, die Jorge Bucay (Vertreter der Positiven Psychologie) uns erzählt: Sie macht deutlich, wie leicht es ist, Kinder ihres spontanen, lebendigen Mutes zu berauben.

Der angekettete Elefant

Als kleiner Junge sieht der Autor in einem Zirkus einen großen Elefanten, der an einem kleinen Pflock angekettet ist. Er fragt sich, wieso dieses große, starke Tier sich nicht einfach losreißt. Als er ein erwachsener Mann war, fiel ihm dieses Bild wieder ein, und er fand die erste Antwort: Der Elefant fliehe nicht, weil er schon sein ganzes Leben angekettet sei. Als junger Elefant habe er sicher häufig versucht, diese Fessel loszuwerden. Aber er war zu schwach und musste aufgeben. Und der mächtige, große Elefant erinnert sich an seine vergeblichen Versuche und seine Ohnmacht. Und diese Ohnmacht hat er niemals wieder ernsthaft hinterfragt. Heute, als großes, wirklich starkes Tier, reißt er sich nicht los, weil er *glaubt*, dass er es nicht könne.

So lassen wir uns manchmal von Ängsten und falscher Vorsicht behindern, Dinge zu tun, die notwendig sind oder die wir einfach gern täten. Wir haben alte Stimmen im Ohr, die sagen: »Pass bloß auf, das ist gefährlich.« – »Das tut man nicht!« – »Wenn du das machst, dann …« Oder einfach: »Lass das, dafür bist du zu klein.« Und wir haben *vergessen*, dass wir erwachsen sind und selbst entscheiden können, was wir uns zutrauen und welches Risiko wir eingehen wollen. Uns ist manchmal nicht bewusst, dass wir längst alt genug sind, über unser Leben selbst zu entscheiden, Risiken einzugehen – und wenn es nötig ist, die Konsequenzen zu tragen.

Gehen Sie bitte die nächste Übung mit Vorsicht an. Es geht nicht darum, alte Schmerzen, Kränkungen oder Ängste neu zu beleben. Sollten Sie zu sehr in diese Gefühle eintauchen, machen Sie eine Pause oder wenden sich einem anderen Teil dieses Buches zu, zum Beispiel können Sie eine der Übungen aus dem Kapitel *Alle Menschen sind mutig* machen.

Hier geht es darum, alte Ängste zu nutzen – als Aufgaben, die Sie heute bewältigen können, weil Sie ja schon ein großer Elefant sind. Eine wunderbare Ermutigung für den Elefanten (in uns) ist der Satz von Viktor Frankl: »Muss man sich denn auch alles von sich gefallen lassen? Kann man nicht stärker sein als die Angst?« (Klappentext auf *Bergerlebnis und Sinnerfahrung 2013*)

> **Übung: Alte Pflöcke aus der Erde ziehen**
> Der wichtigste Satz zum Mutigwerden steht im Motto dieses Kapitels. Tun Sie es, ziehen Sie die Pflöcke heraus. Unterstützen Sie sich bei der Durchführung mit der Übung *Aktive Situationsvorbereitung* aus dem Kapitel Kategorien der Angst. Es ist gleich, ob Sie vor Angst schwitzen oder die Stimme zittert. Ich glaube, auch der starke Elefant aus unserer Geschichte wird Angst haben, dass es nicht klappt oder vielleicht beim ersten Mal noch nicht klappt. Haben Sie das Zauberwort zur Kenntnis genommen? Wie anders klingt es, ob Sie sagen: »Ich kann das nicht!« oder »Ich kann das *noch* nicht!« Der erste Satz schließt alle Türen, in der zweiten Form bleiben die Türen, also die Entwicklungen und positive Veränderungen, möglich. Und da wir gerade bei den Zauberwörtern sind: Ein einfaches und trotzdem ganz wichtiges Zauberwort ist das *Und* an der Stelle eines *Abers*. Beispiel: »Ich gehe gern ins Kino, aber ich habe Angst, allein zu gehen.« Das bedeutet doch: Sie würden gern ins Kino gehen, aber Sie gehen nicht, wenn kein anderer mit Ihnen geht. Also bleiben Sie zu Hause. In der Zauberformel heißt dieser Satz: »Ich gehe gern ins Kino, und ich habe Angst, allein zu gehen.« Diese Form lässt offen, dass Sie gehen – auch wenn Sie Angst haben.

Es ist viel mehr möglich in Ihrem Leben, als die Angst Ihnen vorgaukelt. Und mit jeder Unternehmung trotz der Angst ziehen Sie den Pflock weiter aus dem Boden. So lässt Hermann Hesse seinen Demian sagen: »Ich wollte ja nichts als das zu leben versuchen, was von selber aus mir herauswollte. Warum war das so sehr schwer?« Ja, es ist schwer, besonders, wenn der Pflock so tief in der Erde sitzt, dass er sich nicht mit dem ersten Ruck herausziehen lässt. Ja und? Einfach weiterziehen.

Bei besonders tief sitzenden Pflöcken kann Ihnen vielleicht die Übung *Verträge kündigen* weiterhelfen.

Träume

> »Getraue dich zu träumen, und wenn,
> dann sollten es große Träume sein!«
> *Henrietta Szold*

Übung: Werden Sie zum Helden

Dies ist eine Übung, die Ihnen sehr viel Freude machen kann. Sie ähnelt dem Spiel des Sichverkleidens Ihrer Kindheit. Seien Sie Heldin Ihres Lebens – der Fantasie sind keine Grenzen gesetzt. Üben Sie also keine Zensur aus, lassen Sie sich nicht sagen, es sei albern oder Unsinn, was Sie da tun. Ich wäre nie dazu gekommen, Bücher zu veröffentlichen, wenn ich es nicht viele Jahre fantasiert hätte. Auch von meinen Reisen hat mir keine Fee an der Wiege gesprochen. Ich habe viel geträumt als Kind, und da war ich zum Beispiel Kapitänin oder Nonne (als katholisches Mädchen auch eine Möglichkeit, die Welt zu sehen). Ich habe früh angefangen, Gedichte zu schreiben. Lyrik ist wohl nicht meine Stärke, aber ich habe viel getan, um meine Sprache zu verbessern. Träumen Sie! Seien Sie Königin, eine bekannte Komponistin, eine mutige Umweltaktivistin, eine große Liebende. Malen Sie diese Träume so konkret wie möglich aus, wo, wie, mit wem? Aber Vorsicht: Kein Realisierungszwang. Sagen Sie nicht, dass das, was Sie sich da gerade vorstellen, doch nicht möglich sei. Das soll es gar nicht sein. Dieses Bild, dieses alternative Leben, das Sie gerade entwerfen, dient der Befreiung der Fantasie, der Stärkung positiver Gefühle und macht den Weg offen für andere realisierbare Ideen. Viel später, wenn Sie sich getraut haben, sich diesen fantastischen Entwürfen hinzugeben, kann und darf (muss aber nicht) wahrscheinlich der ein oder andere Impuls auftauchen: »Das könnte ich ja wirklich machen.«

Auf das Leid verzichten

Viele Menschen haben Angst, sich zu verändern, lastende Probleme loszulassen, weil sie sich darüber identifizieren. Das klingt kritisch, ist aber gar nicht so gemeint. Wenn zum Beispiel liebevolle Zuwendung der Eltern nur durch Kranksein zu erreichen war, war das Kranksein ein legitimes Mittel. Das Problem ist nur: Der Erfolg ist fragwürdig, weil die Krankheiten echt waren. Später entwickeln diese Menschen oft Rationalisierungen zur Notwendigkeit ihres Leidens. Sie denken, dass fröhliche Menschen oberflächlich sind und leidende Menschen tiefer empfinden und deshalb irgendwie wertvoller sind. Außerdem ist das Leben ja wirklich schwer! Natürlich möchten diese Menschen auch leichter leben, aber damit ist manchmal die Angst verbunden, etwas von sich zu verraten, das leidende Kind im Stich zu lassen. Sie sagen zwar, sie würden gern auf all ihr Leid verzichten – aber wer oder was sind sie dann noch? Die folgende Übung und die Übung *Ressourcen finden* kann Ihnen helfen, den Menschen hinter der Angst (wieder) zu finden.

> **Übung: Ein neues Bild von sich entwerfen**
> Nehmen Sie ein bisschen von der Heldin aus der letzten Übung mit in diese hinein. Schauen Sie sich die fantasierten Eigenschaften an und stellen Sie fest, welche – und sei es in noch so kleiner Portion – auch in Ihnen steckt. Auch in dieser Übung ist Fantasie gefragt, in Verbindung mit der Realität. Wenn Sie nicht ängstlich (oder depressiv) wären, wären Sie kein langweiliger Mensch. Sie wären immer noch Sie selbst, nur ein kleines bisschen anders. Die Frage lautet also: »Wie wäre ich, wenn ich mutig wäre?« Denken Sie so konkret wie möglich: In welcher Situation war Ihre Reaktion ängstlich und Sie hätten gern anders reagiert? Dabei kann es sich um aktuelle oder auch schon länger zurückliegende Situationen handeln.
> Nun können Sie sich noch nachhaltiger und realistischer mit Ihrem mutigen Helden-Ich auseinandersetzen. Bringen Sie das, was Sie in den letzten

Übungen über sich in Erfahrung gebracht haben, in Zusammenhang damit, wie Sie sich in Zukunft Ihr Leben vorstellen, frei von überflüssiger Angst, ein Leben mit Freude, Gesundheit, Leid, Gelassenheit, Anstrengung, Erfolg, Ruhe, Abenteuer oder Zurückgezogenheit. Ganz wie Sie es sich wünschen, und schreiben Sie, wie Sie es in der Schule gelernt haben, eine Charakteristik dieser Person.

Übung: Wege zum Wunsch-Ich

Sehen Sie sich selbst in der Zukunft, etwa in zwei oder drei Jahren. Stellen Sie sich im ersten Schritt [a] ganz detailliert vor, wie Ihr Leben sein wird, nachdem alles gut gelaufen ist. Sehen Sie sich – wie in einem Spiegel: Ihre Kleidung, Ihren Gesichtsausdruck. Sehen Sie sich um: Wie wohnen Sie? Und wenn Sie zu Ihrem Arbeitsplatz gehen müssen: Um welche Arbeit handelt es sich? Leben Sie in einer Partnerschaft oder glücklich allein? Alles, was Sie sich erhofft haben, ist eingetreten.

Im zweiten Schritt [b] dieser Übung denken Sie über die vergangenen zwei oder drei Jahre nach: Wie haben Sie das alles geschafft? Wer hat Ihnen geholfen? Und was haben Sie selbst alles getan, um an diesen Punkt zu kommen, welche Fähigkeiten, welches Wissen, welche persönlichen Eigenschaften haben zu Ihrem Erfolg beigetragen? An welchen wichtigen Stellen ist es Ihnen auch gelungen, Ihre Angst zu überwinden? Schreiben Sie auf, welche Stärken Sie an sich entdeckt haben.

Genießen Sie das Wohlbehagen, das sich einstellt, wenn Sie sich in dieser Wunsch-Situation angekommen sehen. So stärken Sie Ihr positives Selbstbild und die Selbstwirksamkeitserwartung (»Ich kann das schaffen!«). Abgesehen davon steigert diese Übung Ihre Gedächtnisleistung, wenn Sie sie akribisch durchführen. Hier können Sie auch folgende Fragen anschließen: »Habe ich meine Ressourcen genutzt? Welche Quellen kann ich in mir noch erschließen? Welche positiven Eigenschaften verstärkt einsetzen?« Was immer Sie unter dem Punkt [b] aufgeschrieben haben, ist genau das: Ihre Stärken, Ihre Ressourcen, auch Ihre Resilienz, Ihre Fähigkeit, rechtzeitig Hilfe zu holen – und Ihre Freude an Ihrer Arbeit und Ihrem Leben.

Wenn Sie weiter Unterstützung auf dem Weg zum Mut – oder besser gesagt: auf dem Weg zum Wiederfinden Ihres Mutes – brauchen, hilft Ihnen ein Blick auf Ihre Ressourcen. Wenn Ihnen die vorhergegangene Übung nicht so gut gelungen ist, wenden Sie sich dem Folgenden zu und erfinden danach Ihr Wunsch-Ich.

Ressourcen und Resilienz

Um mutig zu werden, beziehungsweise unseren Mut wiederzufinden, nehmen wir den Kontakt auf zu unseren Ressourcen und unserer Resilienz. Irgendwann ist uns dieser Kontakt, diese Sicherheit verloren gegangen. Die Untersuchung dieser beiden Begriffe und ihre Integration in die Psychotherapie hat einen von mehreren Paradigmenwechsel in der Psychotherapie herbeigeführt. Die Positive Psychologie ist eine Erscheinungsform davon. Natürlich reicht das manchmal allein nicht, um einen heilenden Prozess in Gang zu setzen. Wir brauchen auch die Psychoanalyse, das Wissen darüber, was mit uns geschehen ist, warum wir erkrankt sind und was wir brauchen, um zu gesunden. Das gilt für den Körper ebenso wie für die Seele. Allerdings reicht es auch nicht, sich an den Defiziten zu orientieren. Wir brauchen ein Wissen darüber, was wir an Heilungskräften mitbringen, welche Fähigkeit wir haben, glücklich zu sein, zu vertrauen und uns mit anderen Menschen zu verbinden. Mitgefühl und Dankbarkeit gehören ebenso zu diesen hilfreichen Aspekten unserer Person.

Resilienz

Resilienz bezeichnet die psychische Kraft, unbeschadet, beziehungsweise ohne dauerhaften Schaden, aus Krisen und psychischen Verletzungen hervorzugehen und schwierige Lebenssituationen meistern zu können. Aber das ist nicht allein gemeint. Der Begriff wird heute weiter gefasst. Resilient ist auch, wer sich trotz schwieriger Herkunftsbedingungen wie Armut, Gewalt in der Familie, psychisch kranke Eltern oder frühe Verluste naher Bezugspersonen ein Leben mit funktionierenden Beziehungen und qualifizierter Berufstätigkeit aufbauen kann. Eigenschaften der Resilienz sind Anpassungsfähigkeit, Belastbarkeit, Fantasie, Intelligenz und Selbstvertrauen.

An diesem Thema wird seit den 1950er-Jahren geforscht, zuerst an Kindern von Hawaii, die unter sehr schwierigen Bedingungen aufwuchsen. Einer der ersten Resilienzforscher war der amerikanische Psychologe Norman Garmezy, der Kinder von schizophrenen Eltern untersuchte. Beide Untersuchungen führten zu dem Ergebnis, dass viele dieser Kinder ein glückliches Leben führen konnten. Dabei kam es auf die individuellen Eigenschaften der Kinder und auf alternative soziale Bindungen an. Wir finden verblüffenderweise eine starke Resilienz bei Menschen, die unter sehr prekären Bedingungen aufgewachsen sind. Bei diesen Menschen spielen Außenkontakte eine große Rolle, zum Beispiel Großeltern, Nachbarn oder die Peergroup.

Natürlich gibt es Bedingungen, die für die Entwicklung von Resilienz förderlich sind. Diese sind auf den ersten Blick logisch: stabiles Elternhaus, beruflich erfolgreiche Eltern, hoher Bildungsgrad, wenig Geschwister. Und doch gibt es auch bei Mittelschichtkindern einen Mangel an Resilienz, wenn sie überbehütet aufwachsen.

So ganz ist das Rätsel um die Resilienz noch nicht gelöst. Sicher ist, dass Resilienz in einem gewissen Maße entwickelt werden kann. Dazu gehört es zum Beispiel, in als schmerzvoll und beängstigend erlebten Erfahrungen ein Wachstumspotenzial zu entdecken. Die *Werkzeuge*, die unsere Resilienz bilden, sind unsere Ressourcen. Dazu müssen wir natürlich in der Lage sein, diese auch einzusetzen, zum Beispiel im Umgang mit der Angst.

Resilienz bedeutet auch die Fähigkeit, unser Kohärenzgefühl zu stabilisieren, das uns sagt: Es ist alles in Ordnung. Dieses leicht durch kleine Alltagsprobleme leicht störbare Gefühl ist eine wichtige Grundlage für ein zufriedenes Leben. Das Kohärenzgefühl lässt sich auch in einem Bild aus der Physik darstellen. Erinnern Sie sich an die drei Arten von Gleichgewicht, in denen ein Körper sein kann? Dieser Teil der Mechanik wird oft mit einer Kugel beschrieben: Rollt die Kugel auf einer Ebene, befindet sie sich im indifferenten unveränderbaren Gleichgewicht, befindet sie sich auf einer Kuppe, sprechen wir vom instabilen Gleichgewicht. Dieses ist nach Verlust, also wenn die Kugel den Berg herunterrollt, nicht wiederherzustellen. Beim instabilen Gleichgewicht liegt die Kugel in einer Schale. Wie sehr sie auch durch verschiedene Stöße nach oben rollt, sie nimmt am Ende immer wieder die mittlere Position am Boden der Schale ein. Das ist unsere Kohärenz. Und im Laufe unseres Lebens lernen wir, sie wiederherzustellen. Wir entwickeln durch die Erfahrung das Vertrauen, dass sie immer wiederherstellbar ist, manchmal kommt die Unruhekugel auch von selbst wieder in die stabile Lage.

Ressourcen

Dieser Begriff wird vielfältig verwendet. Im Allgemeinen versteht man darunter das natürliche, ausreichende Vorhandensein von notwendigen Dingen, wie zum Beispiel Nahrungsmittel, Wasser oder Atemluft. Ressourcen gibt es in der Landwirtschaft, der Natur, dem Finanzwesen – und in der Seele jedes Menschen. Es handelt sich um einen Fundus an Möglichkeiten, das Leben zu gestalten, Probleme zu lösen und in schwierigen Situationen noch psychische Reserven zu aktivieren. Dazu gehören ebenso soziale Kompetenzen, Intelligenz, Planungs-, Organisations- und Arbeitsfähigkeit auf der mentalen Ebene. Im sozialen Bereich sind es die Familie, enge Freunde und Ratgeber, die zur Unterstützung bereit sind. Die psychischen Ressourcen reichen von der Selbstwirksamkeitserwartung über Fantasie, Liebesfähigkeit und Hoffnung bis hin zum Glauben, welcher Art dieser auch sein mag. Ganz gleich, wie schwer Ihr Leben bisher war und von wie viel Angst begleitet. Sie haben viele Situationen bewältigt. Manchmal frage ich

Menschen mit einer krank machenden Vergangenheit oder auch mit Traumatisierungen, wie sie es geschafft haben. Viele wissen dann keine Antwort. In der Anamnese kommen dann Ereignisse zum Vorschein, die auf eine Menge Ressourcen hinweisen. So erzählte eine Patientin, die von ihrem Vater über viele Jahre schwer misshandelt wurde: »Nach dem Abitur bin ich dann sofort von zu Hause ausgezogen und nie wieder dahin zurückgekehrt.« Ihre Ressource war ihre starke Entscheidungs- und Autonomiebereitschaft.

Sehen Sie, liebe Leserin, wie viel Ressourcen dort verborgen sind? Wie kann man für die Schule lernen, wenn man unentwegt Angst haben muss, gleich gäbe es wieder aus einem nichtigen Grund Prügel von dem betrunkenen Vater? Und das über Jahre, bis zum Abitur! Wie kann man, wenn man sich so schwach und zittrig fühlte wie die Patientin damals, sich zum Verlassen des Elternhauses entscheiden und den Umzug organisieren? Wie viel Stärke versteckt sich da! Als ich der Patientin diesen Aspekt mitteilte, antwortete sie: »So habe ich das noch nie gesehen. Ich habe einfach nur funktioniert.« Diese etwas entwertende Beurteilung eigener Stärke als Funktionieren habe ich schon oft gehört. Dabei ist das *Funktionierenkönnen* auch in extremen Situationen eine wunderbare Stärke, gespeist aus unserem Willen, weiterzuleben und die Dinge zum Besseren zu wenden. Patienten antworten darauf oft: »Ich hatte ja keine Wahl!« Hatten sie die wirklich nicht? Allein Alkohol wäre eine Alternative gewesen ...

Nun suchen Sie nach Ihren Ressourcen.

> **Übung: Ressourcen aufspüren**
> Fangen Sie damit an, nach körperlichen Ressourcen Ausschau zu halten, nach überstandenen Krankheiten, ausgeheilten Verletzungen. Dann suchen Sie nach schwierigen Situationen, aus denen Sie einen Ausweg gefunden haben. Fangen Sie nicht mit den großen Dramen an. Kleine, belastende Kindererlebnisse tun es auch. So habe ich zum Beispiel einmal in der vierten Klasse vergessen, meine Hausaufgaben im Rechnen zu erledigen. Die Lehrerin Frau B. war gefürchtet. So bat ich meine Mitschülerin

Hildegard, bei ihr abschreiben zu dürfen. Sie erlaubte es. Ich war sehr erleichtert, die Aufgaben vorlegen zu können, als die Lehrerin durch die Reihen ging. Als sie zu meinem Platz kam, sagte Hildegard: »Sie hat bei mir abgeschrieben!« Ich war entsetzt, gekränkt und hatte furchtbare Angst vor dem, was nun passieren würde. Die Lehrerin fragte mich, ob das wahr sei. Ich konnte nur mit einem leisen »Ja« antworten. Frau B. teilte mit, dass sie sehr enttäuscht von mir sei. Mit der Mitschülerin habe ich drei Tage nicht gesprochen. Worin bestanden nun die Ressourcen? Sie bestanden in dem Täuschungsversuch, im anschließenden Zugeben der Wahrheit und in der Distanz von der Mitschülerin …

So kann es gehen: Beschreiben Sie die Szenen und Ihre Reaktionen und benennen Sie die darin enthaltenen Stärken. Nun suchen Sie nach Situationen aus der Gegenwart. Betrachten Sie Ihre Reaktion und suchen Sie wieder die darin verborgenen Ressourcen heraus.

Achtung: Ob etwas Stärken oder Schwäche sind, ist selten objektiv festlegbar. So kann es zum Beispiel sein, dass Sie in einem Streit *klein beigeben*, wie Sie es selbst nennen. Es kann sich dabei durchaus um eine Stärke handeln, zum Beispiel weil Ihnen die Beziehung wichtiger ist, als recht zu haben, oder weil Sie eine Eskalation vermeiden möchten. Stärken und Schwächen können zwei Seiten derselben Medaille sein.

Nun machen Sie eine Liste von allen Stärken, die Sie gefunden haben. Sehen Sie sich jeden Begriff an und schreiben Sie dazu, wo Sie diese Ressource gezielter einsetzen könnten. Kann man wirklich mutig werden, wenn man einfach so tut, als sei man mutig? Man kann diesen Umgang mit (fehlendem) Mut mit einem Placeboeffekt vergleichen. Der wirkt nach neuesten Forschungen sogar, wenn wir wissen, dass es ein Placebo ist. Das macht sich die Body-Mind-Therapie zunutze. Alles richtet sich nach dem inneren Impuls: »Ich möchte geheilt werden.« Auch mit Placebos regen wir unsere Selbstheilungskräfte an!

Nun folgt die Krönung der Arbeit *Ich werde mutiger*:

Übung: Glückwunschrede

Stellen Sie sich vor, Sie hätten eine in der Heldenübung imaginierte gute Tat begangen oder ein Ziel Ihres Wunsch-Ichs erreicht. Das feiern Sie nun. Sie bitten Ihre beste Freundin, die Festrede zu halten, in der Ihre Mühe und Ihr Erfolg dargestellt und gewürdigt werden. Die Mitfreude und der Stolz Ihrer Freundin sollen darin zum Ausdruck kommen. Ihre Freundin freut sich auf diese Feier und will diese Rede gern halten. Leider ist sie beruflich sehr eingespannt und kann sie nicht selbst schreiben. Das tun Sie! Und Sie müssen keinerlei Zurückhaltung üben, weil die Freundin die Rede halten wird. Eigenlob stinkt – sagt der Volksmund. Glauben Sie lieber Goethe, der sagt: »Selbstlob! Nur dem Neide stinkt's. Wohlgeruch Freunden und eignem Schmack!«

Und dazu passt auch die folgende Tatsache: Nicht nur das Eigenlob riecht gut, sondern auch das Lob und die Unterstützung, die wir anderen gewähren. Will sagen: Wir werden immer mutiger, wenn wir auch andere Menschen ermutigen. Probieren Sie es aus!

12. Aufgaben der Angst

So ist das mit dem deutschen Genitiv, er ist häufig doppeldeutig. Stellt die Angst Aufgaben? Ist sie eine Aufgabe? Oder geht es darum, die Angst aufzugeben? Letzteres ist nicht gemeint, aber die ersten Fragen beantworte ich beide mit »Ja«. Diesen Doppelcharakter der Angst beschreibt Fritz Riemann so: »Wenn wir die Angst einmal ›ohne Angst‹ betrachten, bekommen wir den Eindruck, dass sie einen Doppelaspekt hat: Einerseits kann sie uns aktiv machen, andererseits kann sie uns lähmen. Angst ist immer ein Signal und eine Warnung vor Gefahren, und sie enthält gleichzeitig einen Aufforderungscharakter, nämlich den Impuls, sie zu überwinden. Das Annehmen und das Meistern der Angst bedeutet einen Entwicklungsschritt, lässt uns ein Stück reifen.« (S. 9)

Angst ist also nicht immer ein schlechter Ratgeber. Sie warnt uns zur Vorsicht in gefährlichen und unbekannten Situationen. Da sagt sie einfach: »Sei vorsichtig!« So hat sie das Überleben unserer Vorfahren gesichert. Und da die Ängstlichen eher überlebt haben als die Mutigen, die nicht schnell genug weggelaufen sind, stammen wir von den Ängstlichen ab. Wir haben wie unsere Vorfahren eine besonders reaktionsbereite und -schnelle Amygdala. Dabei handelt es sich um einen früh entstandenen Teil unseres Gehirns. Dieser wird nicht nur von unbekannten und gefährlichen Situationen aktiviert, sondern ganz besonders von ängstlichen Gesichtern, auch wenn wir sie gar nicht bewusst wahrnehmen. Das erklärt das schnelle Umsichgreifen von Paniksituationen ebenso wie das Phänomen der *erlernten* Angst, von dem schon die Rede war. Hat die Amygdala erst einmal Alarm gegeben, setzen in der Regel automatisierte Reaktionen ein.

Unsere Grundgefühle wie Freude, Kummer, Angst, Ekel und Wut setzen entsprechende Handlungsimpulse frei, gut zu sehen bei Kindern und deren direkten Reaktionen. Freude führt zu Lächeln oder

Lachen, oft auch zum körperlichen Ausdruck: Man könnte vor Freude in die Luft springen. Kummer mag uns zum Weinen und Klagen bringen. Bei Ekel und Wut sind die Handlungsimpulse besonders deutlich. Und Angst? Wir können fliehen, angreifen oder uns totstellen. Welche Reaktion ist die angemessenste?

Zuallererst stellt uns Angst vor die Aufgabe, uns in Sicherheit zu bringen, sei es vor realen oder imaginären Feinden, giftigen Beeren oder dem berühmten Säbelzahntiger, von dem auch das moderne Gehirn noch nicht verstanden hat, dass es ihn nicht mehr gibt.

Unsere schwere Aufgabe, die die Angst stellt, heißt also, sie infrage zu stellen. Das ist deshalb so schwer, weil bei heftiger Aktivität der Amygdala das moderne Großhirn weitgehend außer Kraft gesetzt ist. Deshalb müssen wir bei der Bewältigung von Ängsten so viel üben – und für Akutängste Übungen direkt bei der Hand haben. Letzteres stimmt so nicht ganz: Wir haben auch schon gewonnen, wenn wir über mögliche hilfreiche Übungen und Techniken nachdenken, weil damit die Verbindung zum Großhirn, zu unserer Vernunft, wiederhergestellt ist.

Angst hat also die Aufgabe, uns zu schützen. Dieser Aufgabe geht sie übereifrig nach. Und sie stellt die Aufgabe, uns in Sicherheit zu bringen. Das gilt generell genauso wie für alltägliche Unsicherheiten. Dazu ein Beispiel: Jemand hat Angst davor, seinen Keller aufzuräumen. Er ist dunkel und feucht und voller merkwürdiger Dinge, wahrscheinlich gibt es dort auch Ungeziefer, Mäuse, schreckliche Spinnen und ... Gespenster. Wir sehen uns genau an, wovor wir Angst haben, teilen es auf in möglichst kleine Teile: Beim Keller kann es bedeuten, wir haben Angst vor Ungeziefer, vor der Dunkelheit, vor Dingen, die sich unangenehm anfühlen. So haben wir die große Angst in kleine Ängste aufgeteilt, bzw. das, wovor wir Angst haben. In jeder kleinen Angst steckt eine Aufgabe. So brauchen wir im Kellerbeispiel Licht gegen die Dunkelheit, einen 200-Watt-Strahler und für die dunklen Ecken eine ganz helle Taschenlampe. Wir brauchen Stiefel und Handschuhe und besonders viele Kisten und Tüten, um die Dinge zu sortieren. Und vorher haben wir natürlich den Sperrmüll bestellt. Am Ende eines mühsamen Arbeitstages ist der Keller leer und sauber, und wir freuen uns daran. Aus dem Angstgefühl ist ein Gefühl von Glück geworden. Diese Art von Glück nennen wir intrinsische Belohnung. Wir haben etwas geschafft, was notwendig war zu tun und was wir lange vor uns her geschoben haben. Schon als wir die Aufgabe in kleine Teile geteilt haben, haben wir bemerkt, dass es bewältigbar sei. Nur unsere große Angst gaukelte uns die Unmöglichkeit vor. Wenn wir in dieser Weise mit Ängsten umgehen, entwickeln wir Selbstvertrauen, eine Selbstwirksamkeitserwartung, die da heißt: Ich kann es schaffen, und ich tue es *jetzt*. Die Angst stellt also die Aufgaben, gut auf sich zu achten, wahren Gefahren auszuweichen. Dazu müssen wir lernen, wie Angst machende Aufgaben zu bewältigen sind, sonst sind wir gelähmt und nicht in der Lage, unsere Persönlichkeit zu entwickeln. Wir sind unfrei und manipulierbar, indem wir uns auch Angst machen lassen.

> **Übung: Wovor haben Sie Angst? Finden Sie Lösungen!**
> Eine Patientin, die im Parterre wohnt – auf Straßenniveau –, hat Angst vor Einbrechern. Soll sie umziehen? Einen Wachhund kaufen? Ihre Freundin hat einen schönen Naturfilm gesehen und möchte mit Ihnen nach Uganda fahren. Sie haben noch nie eine so weite Reise ins Unbekannte gemacht und befürchten, dass allerlei passieren kann. Sie möchten aber der Freundin den Gefallen tun – und ein gemeinsames Unternehmen stärkt ja auch die Beziehung.
> Schreiben Sie Ihre Ängste auf und entwerfen Sie Lösungen. Und es gibt immer mindestens drei Lösungen, das wissen Sie. Noch ein Tipp: Mit Angst besetzte Entscheidungen kann man nicht treffen, indem man die Frage »Tu ich es oder tu ich es nicht?« mit Ja oder Nein beantwortet. Gehen Sie beim Finden von Lösungen zuerst von einem Ja aus und fragen sich: »Wie kann es gehen? Welche Bedingungen müssen erfüllt sein?« Gehen Sie dabei nach obigem Kellerbeispiel vor: Zerlegen Sie die Aufgabe in Etappen und finden Sie Schritt für Schritt einen Weg – und der entsteht ja bekanntlich erst beim Gehen.

Beim Umgang mit Aufgaben, die die Angst stellt, möchte ich Sie noch vor Ihren Gefühlen warnen. Immer wieder höre ich von Patienten den Satz: »Ich habe auf mein Bauchgefühl gehört.« Und dann haben sie unterlassen, was wichtig und richtig für sie gewesen wäre. Da ist Angst wirklich ein schlechter Ratgeber. Mein Standardbeispiel dazu ist der Zahnarzt. Wenn ich Angst vor dem Zahnarzt habe, rät mir mein Gefühl, nicht hinzugehen. Warum tu ich es trotzdem? Weil ich eine Vernunft besitze und manchmal besser damit fahre, mich dieser auch zu bedienen.

Manche Menschen verwechseln auch die Begriffe Gefühl und Intuition. Das etymologische Wörterbuch (Kluge) beschreibt Intuition als Erkennen eines Sachverhaltes ohne bewusste Reflexion, eine unmittelbare Anschauung, wie das Erscheinen eines Bildes auf einem Spiegel. Das lateinische Verb intuēri bedeutet »genau hinsehen, anschauen«. Vergleichen Sie diese Beschreibung mit meiner Angst vor dem Zahnarzt. Die Entscheidung, nicht hinzugehen, kann nicht einer Intuition entspringen. Intuition kann man lernen, und sie ist sicher ein wunderbares Instrument, wenn es darum geht, Entscheidungen zu treffen. Das gilt besonders für die Entscheidung zur Zähmung überflüssiger Ängste, um dann mit den verbleibenden friedlich zu kooperieren und mit Mut, Entdeckerlust und innerem Wachstum die Aufgaben zu lösen, die die Angst uns stellt.

Nachwort – zum Weitermachen

Die wichtigste Forderung, die die Angst an uns stellt, lautet: »Bring dich in Sicherheit.« Darauf zu reagieren würde bedeuten, den archaischen Mustern Fliehen, Kämpfen oder Totstellen zu folgen. Damit kämen wir sicher durch das Leben, hätten aber nicht viel Freude. Es gibt auch die Wünsche zu wachsen, die Welt kennenzulernen, sich auszudrücken. Um diese Wege zu gehen, müssen wir immer ein Stück Angst mitnehmen. Wir unterstützen uns, indem wir uns mit verschiedenen Sicherheiten versorgen. So können wir uns in einem sozialen Netz geborgen fühlen, brauchen die Abenteuer des Lebens nicht allein zu bestehen. Wir haben die Sicherheit unseres Körpers, des Bodens unter unseren Füßen. Wenn wir dieses Gefühl spüren und in unsere Seele einlassen, können wir uns getragen fühlen. Nicht umsonst ist es der Beginn vieler Meditationen, Yoga- und Qigong-Übungen, einen sicheren Stand zu finden. Stellen Sie sich vor, Sie erzählen ein leidvolles Erlebnis oder eine Angstsituation im Stehen, nicht im Sitzen. In der Regel ist das Geschehene gleich weniger tragisch: Sie können sich aufrecht halten und werden vom Boden getragen. Um diese Körpererfahrung zu erreichen und zu stärken, empfehle ich – wenn Sie nach allen Übungen dieses Buches noch Lust auf mehr haben –, einen Kurs in Zapchen zu machen, einer Körpermethode, die Werdegang, psychische und somatische Probleme gleichzeitig betrachtet und Übungen für Sie vorschlagen kann. Und ein interessanter Aspekt dieser Arbeit ist folgender: Am Ende vieler Übungen steht: »Machen Sie ein Nickerchen.« In der Zeit kurzer Entspannung nach der Übung kann das Gehirn Neues speichern und integrieren. Das gilt übrigens auch für fast alle Übungen in diesem Buch.

Einer der wichtigsten Sätze lautet: Sie sind mehr als Ihre Angst. Ich möchte Ihnen zum Abschied einen noch wichtigeren Satz sagen: Sie sind von Geburt an mit allem ausgestattet, was es braucht, um ein zufriedener Mensch zu sein, mit Mut, Liebe, Kreativität, Fähigkeit zur Freude und zum Kontakt, Lust, die Welt kennenzulernen. Manchmal verlieren wir den Kontakt zu diesen Stärken, aber wir können sie wiederfinden. Sie sind noch da! In diesem Sinne wünsche ich Ihnen viel Freude, Entspannung und wachsenden Mut bei der Arbeit mit diesem Buch. Ich bedanke mich, dass Sie mir bis hierher gefolgt sind.

Über Ihre Kommentare, Fragen und Ergänzungen zu diesem Buch würde ich mich freuen. Sie erreichen mich unter www.Angelika-Rohwetter.de.

Anhang

Verzeichnis wichtiger Übungen und ihrer Anwendungsgebiete

Dieses Buch enthält viele Übungen. Ich habe sie in Kategorien unterteilt und stelle die wichtigsten hier zusammen. Sie können wählen, was Sie gerade brauchen oder an welcher Stelle Sie weiterarbeiten möchten.

Übungen bei akuter Angst

5-4-3-2-1-Übung in Kürze 28
Ablenkung 29
Wie spät ist es? 29
Helfende Hände 30
Der Angst davonlaufen 31
Übung im aktuellen Panikanfall nach einem Trigger 66
Gefühlsregulation per Schalter 99

Langfristig zu Angstberuhigung wirkende Übungen

Merksätze 32
Achtsam sein mit der Angst 44
Angst benennen, akzeptieren und umarmen 49
Angst liebevoll entfernen 50
Ein neuer Film 60
Triggertabelle 66
Mit dem Fahrstuhl in die sechste Etage 82
5-4-3-2-1-Übung 88
Sich die Angst zum Verbündeten machen 94
Ich bin stärker als die Angst 98

Übungen zur Akzeptanz der eigenen Person

So bin ich   16
Erinnerungen an den Mut   20
Ja und?   24
Ich bin stärker als die Angst   98
Meine Lust an der Angst   124

Übungen zum Verständnis autobiografischer Zusammenhänge

Rollenspiel der Ängste   68
Vertrag kündigen   69
Dem Realitätsgehalt von Ängsten auf die Spur kommen   108
Eigene Wünsche wiederfinden   134
Suche nach dem Kind   142
Alte Pflöcke aus der Erde ziehen   156

Übungen zur allgemeinen Stabilisierung und Beruhigung

Was kann ich für (m)eine bessere Zukunft tun?   72
Sechs Wochen bis drei Jahre   85
Reizfasten   96
Wer wäre ich, wenn ich ein von Zwängen und Ängsten freier Mensch wäre?   138
Werden Sie zum Helden   157

Achtsamkeitsübungen

Meditation – Die Ein-Atemzug-Übung   52
Meditation – viele Atemzüge   53
Zuflucht nehmen   90
Gefühle beheimaten   91
Dankbarkeit erzeugen   95 / 147
Wasserfall   138
Baden im Licht   151

Literatur

Aïvanhov, O. M. (1986): *Goldene Regeln für den Alltag.* 2009. Rottweil: Prosveta Verlag.
Allione, T. (2009): *Den Dämonen Nahrung geben. Buddhistische Techniken zur Konfliktlösung.* München: Arkana.
Arthur, R. (1974): *Alfred Hitchcock and The Three Investigators in Mystery of the Stuttering Parrot.* London und Glasgow: Armada.
Balint, M. (1959): *Angstlust und Regression.* Stuttgart: Klett-Cotta 1999.
Brahm, A. (2006): *Die Kuh, die weinte.* München: Lotus.
Brahm, A. (2018): *Wie hilft der Bär beim Glücklichsein?* München: Lotos.
Bradshaw, J. (2006): *Wenn Scham krank macht. Ein Ratgeber zur Überwindung von Schamgefühlen.* München: Knaur.
Bucay, J. (2007): *Komm, ich erzähle dir eine Geschichte.* Frankfurt a. M.: Fischer.
Dittert, Ch. (2012): *Die drei ??? und die brennende Stadt.* Stuttgart: Kosmos.
Dornes, M. (1993): *Der kompetente Säugling: Die präverbale Entwicklung des Menschen.* Frankfurt a. M.: Fischer.
Ende, M. (1960): *Jim Knopf und Lukas, der Lokomotivführer.* Stuttgart: K. Thienemanns.
Erikson, E. H. (1966): *Identität und Lebenszyklus.* Frankfurt a. M.: Suhrkamp.
Ennenbach, M. (2012): *Praxisbuch Buddhistische Psychotherapie. Konkrete Behandlungsmethoden und Anleitung zur Selbsthilfe.* Oberstdorf: Windpferd.
Frankl, V. E. (1972): *Der Wille zum Sinn. Ausgewählte Vorträge über Logotherapie.* Bern, Stuttgart, Wien: Hans Huber.
Hammer, C. (2019): *Im Körper zu Hause sein. Mit Zapchen Somatics zu Leichtigkeit und Wohlbefinden kommen.* Heidelberg, Carl-Auer.
Höhl, St. (2010): https://de.in-mind.org/article/warum-affen-keine-angst-vor-blumen-haben-evolutionaere-und-neurowissenschaftliche, abgerufen 29.08.2019.

Hüther, G. (1997): *Biologie der Angst. Wie aus Stress Gefühle werden.* Göttingen 2012: Vandenhoeck und Ruprecht.

Hüther, G. (2011): *Was wir sind und was wir sein könnten. Ein neurobiologischer Muntermacher.* Frankfurt a. M.: Fischer.

Kornfield, J. (2011): *Das innere Licht entdecken. Heilende Meditationen für schwierige Lebensphasen.* München 2012: Kösel.

Kornfield, J./Feldman, C. (1998): *Geschichten, die der Seele gut tun.* Freiburg: Herder.

Müller-Munch, I. (2012): *Die geprügelte Generation.* Stuttgart: Klett-Cotta.

Nathschläger, J. (2012): *Motivation als »Wille zum Sinn« – das psychologisch-philosophische Konzept Viktor Frankls.* Veröffentlichung der Hochschule für Philosophie München.
https://www.hfph.de/forschung/stiftungslehrstuehle/stiftungslehrstuhl-phil-motivation/forschung/veroeffentlichungen/nathschlaeger-2012-original.pdf, abgerufen 02.10.2019.

Pinker, S. (2018): *Aufklärung jetzt. Für Vernunft, Wissenschaft, Humanismus und Fortschritt.* Eine Verteidigung. Frankfurt a. M.: Fischer.

Riemann, F. (1961): *Grundformen der Angst* (42. Auflage 2017). München: Ernst Reinhardt.

Rohwetter, A. (2016): *Den inneren Kritiker zähmen. Strategien und Übungen für ein gutes Selbstwertgefühl* (3. Auflage 2019). Stuttgart: Klett-Cotta.

Rohwetter, A. (2017): *Versöhnung. Warum es keinen inneren Frieden ohne Versöhnung gibt.* Stuttgart: Klett-Cotta.

Rohwetter, A./Böner Zollenkopf, M. (2017): *Altwerden, wie es mir gefällt. Ein Lesebuch.* Gießen: Psychosozial.

Schoenacker, T. (2014): *Mut tut gut. Für eine bessere Lebensqualität* (18. Aufl.). Speyer: RDI Verlag.

Seebold, E. (Hrsg.) (2002): *Kluge: Etymologisches Wörterbuch der Deutschen Sprache* (24. Aufl.). Berlin: De Gruyter.

Straub, J. (2019): *Die Macht negativer Affekte. Identität, kulturelle Unterschiede, interkulturelle Kompetenz.* Gießen: Psychosozial.

Süsske, R. (1995): ›Die Sehnsucht nach friedlichen Weiten‹ und ›Der Horror

vor leeren Räumen‹. Michael Balints Beitrag zu einer psychologischen Typenlehre
http://www.suesske.de/suesske_balint.htm, abgerufen 02.06.2019.

Traub, J. / In-Albon, T. (2017): *Angststörungen im Kindes- und Jugendalter.* Weinheim und Basel: Beltz.

Wagner, L. (2018): *Der Junge, der zu viel fühlte.* München: Europa-Verlag.

Wangyal Rinpoche, T. (2013): *Die drei Tore zur Gelassenheit. Den leuchtenden Geist erwecken – ein neuer Zugang zur Meditation.* München: Arkana.

Wüllenweber, W. (2018): *Frohe Botschaft. Es steht nicht gut um die Menschheit, aber besser als jemals zuvor.* München: Deutsche Verlagsanstalt.

Yalom, I. D. (2008): *In die Sonne schauen. Wie man die Angst vor dem Tod überwindet.* München: btb.

http://raus-aus-der-angst.de/die-5-4-3-2-1-uebung-soforthilfe-bei-panikattacken/, abgerufen am 02.06.2019.

https://www.be-here-now.eu/tipps/erden-reorientieren/5-4-3-2-1, abgerufen am 06.07.2019.

https://www.deutschlandfunkkultur.de/man-kann-wirklich-in-das-unbewusste-eines-menschen.1013.de.html?dram:article_id=165684, abgerufen am 11.08.2019.

https://docplayer.org/docs-images/42/15234547/images/page_3.jpg, abgerufen am 02.10.2019.